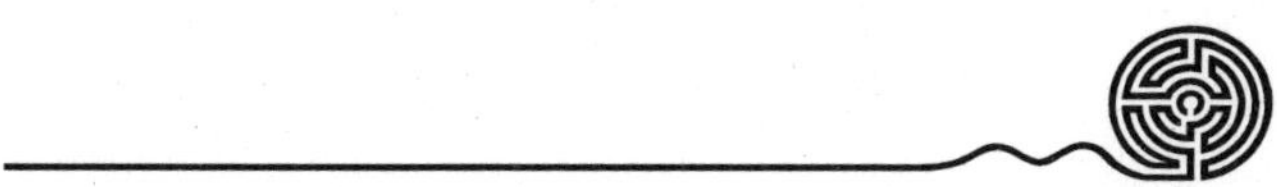

Mit *Abpfiff* liegt endlich der dritte Daquin-Fall auf Deutsch vor.

Commissaire Théo Daquin vom Pariser Drogendezernat ist alles andere als ein kuscheliger Serienkommissar. Das Aufgehobensein in Gesellschaft stellt für den selbstsicheren, autarken Randständigen keine Verlockung dar. Er ist aber auch kein leidendes, von der grausamen Realität gequältes Ermittlerwrack.

Daquin ist überhaupt kein Empathiker, er ist – so zumindest lese ich ihn – eine fiktive Waffe. Er ist die skalpellscharfe Klinge, mit der Dominique Manotti die metastasierenden Manöver derer seziert, die über dem Gesetz zu stehen glauben. Er ist die robuste Machete, mit der allein sich Breschen ins Dickicht des organisierten und im Kapitalismus des späten 20. Jahrhunderts so behaglich etablierten Verbrechens schlagen lassen. Für den Kampf gegen solche Gegner ist er gerüstet mit Scharfsinn, Eleganz, Brutalität, Leidenschaft und Hybris. Damit er dort ermitteln kann, wo die großen Verbrecher sich am sichersten fühlen; damit er wie sie Schwächen ausbeuten und einschüchtern und Strippen ziehen kann. Nur ein Berserker wird in dieser Arena mehr als eine Runde durchstehen. Also ist Daquin ein Berserker, eine hochgradig männliche Waffe mit Sinn für Schönheit und gutes Essen, und mit Wut und Espresso als Treibstoff.

Das tut gut in Manottis Noir-Universum, das mir so klug und kühl eine zutiefst korrupte Wirklichkeit enthüllt, wo es faktisch keine Unschuld gibt, keinen Edelmut und keine regelnden Guten. Sondern Täter und Opfer und Mittäter aller Couleur, vielleicht hier und da ein paar strampelnde, verbeulte Idealisten. Hatten die je eine Chance?

Aber hier, in diesem atemlosen, radikal unverlogenen Krimikosmos, gibt es Daquin. Zu dem sein auf Wirtschaftsdelikte spezialisierter Untergebener Lavorel sagt:

> »Chef, ich möchte, dass Sie meine Versetzung erwirken, bevor Sie gehen.«
> »Wer sagt, dass ich gehe?«
> »Zwei Fälle mit einem solchen politischen Nachhall in nicht mal einem Jahr, man wird Ihnen eine spektakuläre Beförderung auf einen ehrenvollen Posten anbieten, wo Sie endlich keine Gefahr mehr darstellen.«

Die Realität ist noir. *Else Laudan*

Dominique Manotti

ABPFIFF

Aus dem Französischen
von Andrea Stephani

Ariadne Kriminalroman 1197
Argument Verlag

Erster Tag

Donnerstag, 3. Mai 1990

Die erste Salve erwischt den Mann und die Frau von hinten, die Körper stürzen auf den menschenleeren Platz vor dem Einkaufszentrum. Das Motorrad beschleunigt, zweite Salve im Vorbeifahren, die Leichen zucken unter den Einschlägen. Eine der Glastüren der Brasserie am Passageneingang zerbirst. Die Kellner werfen sich zu Boden. Der Schütze schwenkt unter Freudengeheul seine Maschinenpistole, und der Fahrer gibt mit halsbrecherisch hochgezogenem Vorderrad Vollgas. Der Geschäftsführer hastet zum Telefon. Das Motorrad wendet, quert den Mittelstreifen, biegt auf die fast leere vierspurige Straße ein, fährt über Rot und verschwindet.

Der Anruf geht um 10:03 Uhr beim Kommissariat von Levallois ein. Schießerei vor dem Einkaufszentrum. Tote oder Schwerverletzte, die Motorradtäter sind offenbar flüchtig.

Um 10:45 Uhr betritt Lavorel ohne Anklopfen das Büro. Daquin sitzt vor einem Stapel Notizen am Computer und schreibt einen Bericht über die Ecstasy-Vertriebskanäle in Paris. Kann gerade mal aufblicken.

»Romero ist erschossen worden«, sagt Lavorel. Daquin steht auf, bleich, Kiefer zusammengepresst. »In Levallois, von zwei Kerlen auf einem Motorrad.«

Kurz nach den Morden von Levallois, gegen 10:30 Uhr in Argenteuil. Die beiden Kontaktbeamten der Cité Gagarine, eine Reihe vierstöckiger Betonklötze in Pastellfarben, Blau, Rosa, Orange, trinken im gegenüberliegenden Café-Tabac auf der Grenze zur Einfamilienhaussiedlung gerade ein Gläschen Roten, um die guten Beziehungen zur lokalen Bevölkerung zu pflegen, als ein schwarzes Motorrad angerast kommt und mit quietschenden Reifen vor Block C, Aufgang A hält. Zwei Männer, schwarze Montur, schwarzer Helm, steigen ab. Einer von ihnen nimmt eine Maschinenpistole aus der Satteltasche und streckt sie zum Zeichen des Triumphs zweimal zu den Fenstern des Gebäudes hoch, dann stürmen die beiden ins Treppenhaus.

Die Kontaktbeamten blicken sich an, ein Wink zum Wirt: keine Sorge, sind gleich zurück, sie überqueren die Straße, betreten vorsichtig das Gebäude und folgen den Unbekannten in respektvollem Abstand. Nicht schwer, die lachen und rangeln auf der Treppe, grölen unzusammenhängende Satzfetzen. Ein Stockwerk, zwei, drei, dann ihre Schritte im vierten und eine zuschlagende Tür. Die

Kontaktbeamten warten einen Moment, steigen hoch in den Vierten, Hand an der Waffe, gehen mit gespitzten Ohren an den Türen entlang. Wohnung 406, kein Zweifel, die beiden Männer sind dort, man hört sie reden, zwei weitere Stimmen, sehr viel gedämpfter, vermutlich weiblich, dann schlagartig ohrenbetäubende Musik. Heavy Metal, flüstert der jüngere Polizist seinem Kollegen zu, der aufs Geratewohl nickt. Sie machen kehrt, schneller Rückzug ins Café-Tabac, Anruf beim Kommissariat von Argenteuil. Es ist genau 11:05 Uhr.

Der wachhabende Brigadier leitet die Meldung an verschiedene Polizeistellen weiter und landet schließlich bei dem Doppelmord im wenige Kilometer entfernten Levallois.

Daquin und Lavorel treffen am Tatort ein. Ein breiter Gehweg vor dem Eingang einer Ladenpassage, eigentlich ein ganzes Passagennetz mit Dachgarten, hinter dem drei eher luxuriöse Wohntürme aufragen.

Der Verkehr wird über eine Fahrbahnhälfte umgeleitet, der Tatort ist abgesperrt. Die Leichen wurden bereits weggebracht, nur zwei plumpe Kreideumrisse sind noch da, passend zu zwei dunklen Flecken, der eine groß, der andere kleiner, wie Spuren der Abwesenheit. Und ein paar versprengte Gegenstände, die ein Mann sorgfältig fotografiert. Ein Schlüsselbund. Vermutlich Romeros. Er muss ihn in der Hand gehabt haben. Sein Wagen parkt noch gut fünfzig Meter weiter auf der anderen Straßenseite. Einige Schritte von den Umrissen entfernt ein Damenarmband, aus Gold, wie es scheint, eine Haarspange aus Horn, eine blutverschmierte Plastiktüte, Kratzer und Löcher im Asphalt sowie großflächig verstreute dicke Scherben. In der Brasserie suchen Experten nach Einschusslöchern.

Daquin blickt auf, fast erleichtert, Romeros Leiche nicht sehen zu müssen. Mit dem Tod der Meinen bin ich noch nie klargekommen. Rund um den abgesperrten Bereich drängt sich eine kleine Menschenmenge, viele Frauen, vermutlich Angestellte der Ladengalerie, neugierig, fasziniert, entzückt. Es hat sich schon herumgesprochen, dass ein Polizist erschossen wurde. Von irgendwoher aufgetauchte kleine Jungs machen sich einen Spaß daraus, die Absperrgrenze zu übertreten, ein, zwei, drei Schritte, Sprung zurück, dann verschwinden sie lachend. Bloß nicht denken, dieser Abwesenheit keinen Namen geben. Keine Phrasen. Er dreht sich zu Lavorel um, der aufrecht und mit leerem Blick dasteht.

»Haben Sie eine Ahnung, was Romero hier wollte?«

Lavorel zuckt zusammen. »Nicht die leiseste, Chef. Er war heute früh nicht im Büro. Er hat uns nichts gesagt.«

Auf dem Vorplatz sind die Inspektoren und Techniker der Mordkommission mit Bedacht und präzisen Handgriffen am Werk. Daquin und Lavorel gehen zu ihnen.

»Commissaire Daquin. Ich bin Romeros Chef beim Drogendezernat. Und das ist Inspecteur Lavorel, sein Partner.«

Händeschütteln, gemurmelte Begrüßung, Beklommenheit. Der Staatsanwalt war da, ist schon wieder weg, er bestellt heute Nachmittag einen Ermittlungsrichter. Den

Papieren zufolge, die man bei ihr gefunden hat, heißt das zweite Opfer Nadine Speck, sie ist neunzehn Jahre alt und wohnt in Lisle-sur-Seine, nicht weit von hier. Wie es aussieht, kennt man sie in dieser Ecke von Levallois, laut ersten Zeugenaussagen war sie in der Ladengalerie Stammkundin.

»Sie trug ihre Papiere in der Jacke bei sich. Und in ihrer Jackentasche waren außerdem zwei Tütchen, laut Aufschrift Aspégic. Das müssen wir natürlich vom Labor bestätigen lassen. Etwa zwei Mal zehn Gramm.«

Romero trifft sich mit einer Dealerin, die etwas bei sich trägt, das sehr nach Drogenproben aussieht, ohne dass irgendwer im Team davon weiß. Und er wird von Profis erschossen.

Ein Streifenwagen nähert sich, heulende Sirenen, Vollbremsung. Die Mörder wurden geortet, in einer Wohnblocksiedlung in Argenteuil.

Es ist 11:43 Uhr. Romero ist seit einer Stunde und vierzig Minuten tot.

Eine Stunde später ist Aufgang A von Block C der Cité Gagarine von Polizeikräften umstellt.

Die Polizisten riegeln sämtliche Gebäudezugänge ab, die Telefonleitungen werden gekappt, das gesamte Treppenhaus A und der Aufstieg zum Dach besetzt, die angrenzenden Wohnungen geräumt. Und man wartet. Die ganze Siedlung wartet. Kein Mensch, keine Regung auf den Freiflächen rings um die Wohnblocks. Niemand an den Fenstern, die die Polizisten von unten überwachen, um jeden Kommunikationsversuch mit den Belagerten zu unterbinden. Und die voll aufgedrehte Musik aus A 406 schallt weiter durch die Siedlung, ein dünner Lärmfilm über einer Stille zum Schneiden.

Daquin und Lavorel, die an der Operation nicht beteiligt sind, setzen sich im menschenleeren Café-Tabac ganz hinten auf eine gepolsterte Eckbank mit rissigem rotem Plastikbezug. Daquin ist eine imposante Erscheinung. Über eins fünfundachtzig kompakte Muskeln, massige Statur, Rugbynacken (er trug lange die Nummer 8), kantiges, glattes, undurchdringliches Gesicht. Mehr als zehn Jahre arbeitet Romero schon unter ihm. Und jetzt dieser brutale und bedrohliche Tod. Gleich wird man etwas mehr wissen. Er überbrückt das Warten mit Cognactrinken. Lavorel, blonder Brillenträger im blauen Blazer, seit fast sechs Jahren Romeros Teampartner, hält sich an Mineralwasser. Mit Romero verbindet ihn eine Kultur, die der Banlieues der Siebziger, immerwährende Verschworenheit, liebevolle Bewunderung für den brillanten Verführer, der er selbst nie war. In Schweigen versunken, hat Lavorel auf Autopilot geschaltet. Obwohl er nicht übel Lust dazu hätte, wagt der Wirt kein Gespräch anzufangen, sondern macht sich hinter seinem Tresen zu schaffen.

Um 14:15 Uhr rückt die Elite-Eingreiftruppe RAID an. Jetzt geht alles sehr schnell. Informationsabgleich mit den Verantwortlichen für die Treppenhausabriegelung. Männer aufs Dach, Männer in den Flur im vierten Stock. Akrobatisches Anbringen von zwei kleinen Wanzen an den Fensterscheiben zwecks exakter Lokalisierung der in der Wohnung befindlichen Personen. Alle im hinteren Zimmer. Von der dröhnenden Musik überlagerte diffuse Laute, sie vögeln, sagt jemand. Letzte Feinabstimmung. Eine kurze Explosion, die die Musik kaum übertönt, die Tür von A 406 liegt in Trümmern. In den folgenden zwei Sekunden springen drei Männer durch die Fenster in die Wohnung, fünf weitere drängen durch die klaffende Türöffnung, stürmen allesamt das hintere Zimmer, die Pistolen auf zwei Jungen und zwei Mädchen gerichtet, sehr jung, nackt auf einer Matratze ohne Laken. Sie werden brutal zu Boden gedrückt. Diverse Waffen, darunter die Maschinenpistole, liegen im Nebenzimmer auf dem Tisch. Ein Polizist reagiert sich ab, indem er die Hi-Fi-Anlage umtritt.

Es ist 14:30 Uhr. Romero ist seit etwas mehr als vier Stunden tot.

In einem winzigen düsteren Büro im Kommissariat von Levallois auf einer Tischseite Lavorel, auf der anderen einer der jungen Mörder, mit Handschellen an den Stuhl gefesselt. Daquin hat sich rittlings in den Hintergrund gesetzt. Für den Jungen war der Druckabbau brutal: die Explosion, die Bullen mit vorgehaltenen Waffen, der Hagel von Schlägen und Tritten, der ultraschnelle Abgang durchs Treppenhaus, splitternackt, eine Idee der RAID-Männer, die Anziehszene im Mannschaftswagen, umringt von einem Dutzend Bullen, die ihre Angst vergessen wollen. Er zittert vor Kälte und klappert unkontrolliert mit den Zähnen, ohne dass es ihm gelingt, auf

Lavorel zu fokussieren, der seinerseits langsam einem fast fünfstündigen Blackout entsteigt und sehr beamtenmäßig beginnt.

»Name, Geburtsdatum?«

Angestrengtes Nachdenken. »Jean Larribi, 25. April 1972.«

Jean Larribi erscheint auf dem Computermonitor. Zwei Festnahmen, im September '89 und im April '90, wegen Hehlerei mit gestohlenen Motorradteilen, als Komplize eines mehrfach vorbestraften Automechanikers, einem gewissen Descloux. 1990 saß er sechs Monate im Knast. Der zweite Mann, Blondeau, ist polizeilich nicht bekannt.

Durch die Wand hört man Stimmen und undefinierbaren Lärm.

»Dein Freund«, sagt Lavorel mit einem mehrdeutigen Lächeln. »Wohnhaft?«

»Ich wohne in der Cité Gagarine in Argenteuil, Block C, Aufgang A, Wohnung A 406.«

»Das ist nicht deine Wohnung.«

Larribi fühlt die Blicke wie Nagelbohrer in sein Hirn dringen. Lavorel hockt winzig klein am Ende einer schwarzen Röhre. Immer noch eisige Kälte, unkontrollierbares Zittern.

»Die der Mädchen. Vanessa und Karine.«

»Ihre Nachnamen?«

»Weiß ich nicht. Vorher haben Blondeau und ich in den Kellern der Cité Gagarine gelebt.«

Daquin steht auf, geht ein paar Schritte. »Kürzen Sie ab, Lavorel, wir steuern auf eine zeitgenössische Version von *Zwei Waisen im Sturm* zu, und daran bin ich nicht interessiert.«

Lavorel fährt fort: »Womit verdienst du deinen Lebensunterhalt?«

Auf der anderen Seite erschüttern zwei dumpfe Schläge die Wand. Larribi fühlt sie in seiner Brust nachhallen.

»Ich arbeite mit einem Automechaniker zusammen.«

»Descloux, ich weiß. Aber worin genau besteht diese Arbeit?«

Larribi befindet sich schlagartig auf vertrautem Terrain, er hört den Lärm der Motoren, atmet den Geruch des verbrannten Öls. »Descloux frisiert Motorräder, und nachts machen wir Rennen im Industriepark Garonor. Da kommt viel Volk, die Leute schließen Wetten ab, und der Sieger kriegt 'nen Anteil. Ich fahr ganz gut damit.«

Lavorel ist riesengroß geworden und schwebt um ihn herum. Nicht wirklich bedrohlich. Wird schon werden.

»Und welche Rolle spielt Blondeau dabei?«

»Er ist mein Leibwächter.«

»Sieh mal an … der pure Luxus.«

»Da sind 'ne Menge Scheine im Umlauf.«

»Und vor dem Rennen Amphetamine?«

»Die helfen …«

»Das Crack, das wir in A406 in dem Schuhkarton gefunden haben, ist aber nicht für die Rennen. Ist es für den Verkauf?«

Larribi meint, das Knacken des schmelzenden Crackklümpchens zu hören, erschauert unter der sich im ganzen Körper entladenden Lust, lächelt ins Leere. Von wegen Verkauf …

Daquin rückt seinen Stuhl an den Tisch und setzt sich neben Larribi. Eine kleine Ohrfeige, damit er seine fünf Sinne zusammennimmt. »Jetzt reicht's. Ich erkläre dir die Spielregeln. Das Crack und das übrige Zeug sind uns egal. Du hast zwei Menschen ermordet, einer davon war Polizist.«

»Nicht ich, ich hab nicht geschossen.«

»Das entscheiden *wir*, später. Und im Gegensatz zu dir ist dein Kumpel nicht vorbestraft. Vorerst kein Anwalt, kein Richter, für die nächsten Stunden keine Drogen. Polizistenmörder, die Wohnung voller Waffen, eine spektakuläre Festnahme, niemand wird sich wundern, dich in Einzelteile zerlegt vorzufinden.« Im Nebenraum eine schnelle Folge dumpfer Schläge, mehrfaches Stöhnen. Daquin lächelt. »So wie deinen Kumpel. Also, du erzählst uns jetzt, wie und warum ihr die beiden getötet habt.«

Larribi ist immer noch benebelt. Doch jetzt spürt er die Gefahr. Er muss hier weg. Er versucht aufzustehen, plumpst auf seinen Stuhl zurück, schüttelt den Kopf. »Ich hab nicht geschossen. Ich weiß nichts. Blondeau hat mich als Fahrer bei einem Coup angeheuert, ohne mir irgendwas zu sagen.«

Der Computerdrucker spuckt ein paar Wörter auf ein Blatt, das Daquin überfliegt. »Blondeau behauptet etwas anderes.« Wedelt mit dem Blatt. »Er behauptet sogar das Gegenteil.« Von der anderen Seite der Wand hört man das Geräusch von splitterndem Holz, vielleicht ein Stuhl, gefolgt von einem kurzen Schrei, dann Stille. »Und das könnte seine endgültige Version sein.«

Daquin steht auf, umschließt mit einer Hand Larribis

Hals, Finger auf der Schlagader, und hebt ihn samt Stuhl ein paar Zentimeter hoch. Gefesselt, bewegungsunfähig, schreckensstarr, die Augen aufgerissen, spürt Larribi, wie er das Bewusstsein verliert. Daquin lässt ihn los, er sackt in sich zusammen, schnappt mehrmals nach Luft, beginnt wieder mit Zähneklappern. Mit der Kälte ein hohles Gefühl in der Lunge und endlich die glasklare Erkenntnis, dass er in der Falle sitzt. Aus dem Nebenzimmer hört man Füßescharren und vor dem Kommissariat die Sirene eines Polizeifahrzeugs.

»Los jetzt, erzähl.«

»Blondeau wurde bezahlt, damit er das Mädchen umlegt …«, er stockt, scheint abzudriften. Neuerliche Ohrfeige, nicht sehr fest, nur zur Erinnerung an den Ernst des Lebens, »… ein Unbekannter, achtzigtausend Franc in zwei Raten, eine vorher, eine nachher.«

»Das Geld, das in der Wohnung gefunden wurde?«

Larribi nickt.

»Wie hat er euch kontaktiert?«

»Er hat bei den Mädels angerufen, gestern früh … na ja, früh weiß ich nicht, wir haben geschlafen …«

»Wer wusste, dass ihr dort wohnt?«

Verblüffung auf Larribis Gesicht. Stimmt, wer eigentlich?

»Die Mädels.«

»Dummkopf.« Eine Ohrfeige. »Wer noch? Descloux?«

»Ja, der sicher.« Er zuckt verdrossen die Achseln. »Ich weiß nicht mehr.«

»Weiter. Was hat der Kerl am Telefon gesagt?«

»Er wollte uns beide treffen, mit dem Motorrad und den

Waffen. Gestern waren wir verabredet, Punkt siebzehn Uhr an der BP-Tankstelle Porte de Paris in Saint-Denis.«

»Na also. Jetzt wird's interessant, nutz deine Chance und streng dich an.«

»Er kam gleich nach uns. Wir haben das Motorrad vollgetankt, das war so abgemacht. Er hielt an der Zapfsäule daneben, fing an zu tanken. Dann kam er zu uns rüber, er redete mit meinem Kumpel, schaute in die Satteltasche. Ich hab nicht mit ihm geredet. Blondeau hat geredet.«

»Es ist uns egal, wer mit ihm geredet hat. Was er gesagt hat, wollen wir wissen.«

»Er sagte zu Blondeau, ihr müsst ab neun Uhr dreißig in Levallois auf der Avenue du Général-de-Gaulle sein, eine Frau wird mit dem Bus dort ankommen und zu der Brasserie im Einkaufszentrum gehen, jung, um die zwanzig, eins fünfundsechzig, sehr schlank, rückenlanges blondes Haar. Sie ist um zehn dort verabredet, sie darf diese Brasserie nicht betreten. Wir hielten uns mit dem Motorrad auf dem Parkplatz versteckt, wir haben sie ankommen sehen. Bis wir die Maschine in Gang hatten, war ein Mann bei ihr. Blondeau hat geschossen.«

»Ihr solltet lediglich die Frau töten?«

»Ja.«

»Der Mann wurde zufällig getötet?«

»Ja.«

»Kommen wir auf den Unbekannten an der Tankstelle zurück. Was für ein Wagen?«

»Ein weißer Clio. Das Kennzeichen hab ich mir nicht gemerkt.«

»Du tätest gut daran, sachdienlichere Angaben über den Kerl zu machen.«

Larribi konzentriert sich angestrengt. Lavorel befreit ihn von den Handschellen, er reibt sich energisch das Gesicht. »Um die fünfzig. Ziemlich groß, etwas größer als ich, schlank. Kantiges Gesicht«, er malt es mit beiden Händen in die Luft, »sehr kurzes schwarzes Haar, an der Stirn spitz zulaufend ... Gerade ...«, er malt erneut, »... schwarze Brauen.«

Daquin wendet sich Lavorel zu: »Bestellen Sie Dumont her, er ist der beste Phantombildzeichner, er soll mit ihm arbeiten. Geben sie ihm inzwischen ein paar kleine Glückspillen, die ihm helfen, seine intellektuellen Fähigkeiten zu reaktivieren.« Zu Larribi: »Wenn das Phantombild, das du von deinem Auftraggeber machst, uns hilft, ihn aufzuspüren, ziehen wir die Möglichkeit in Betracht, dass nicht du geschossen hast. Wenn nicht, belasten wir den einzigen Mann, der uns bleibt.«

Das Büro von Commissaire Gonzalès, Leiter des Kommissariats von Levallois, ist überfüllt und verqualmt, die Atmosphäre angespannt. Zwei Brigadiers stehen etwas verlegen am Fenster. Die beiden mit dem Doppelmord vom Morgen betrauten Inspektoren der Mordkommission, Auberger und Denoël, haben sich an einen Tisch gesetzt, vor sich eine Akte, in der sie tuschelnd blättern, während Gonzalès hinter seinem Schreibtisch lauert und auf einen Block kritzelt. Sie alle sind mit der bisherigen Ermittlungsführung recht zufrieden, aber das vor den

Kollegen vom Pariser Drogendezernat zu bekunden – ausgeschlossen. Die stehen gesammelt in einer Ecke des Raums, Daquin und Lavorel nebeneinander, ein Stück dahinter Le Dem, der soeben von der Präfektur am Quai des Orfèvres 36 eingetroffene Dritte im Team.

Gonzalès räuspert sich. »Lagebericht, meine Herren.«

Inspecteur Auberger wendet sich Daquin zu und beginnt: »Die beiden Festgenommenen sind die Mörder, daran besteht kein Zweifel. Die in der Wohnung gefundene Maschinenpistole ist die Tatwaffe. In der Wohnung wurde zudem ein brauner Umschlag gefunden, vierzigtausend Franc in gebrauchten Scheinen, die von dem Auftrag stammen könnten. Außerdem sind beide geständig. Sie schieben sich gegenseitig die Hauptverantwortung zu, erzählen aber im Kern annähernd dieselbe Geschichte. Und wollen kooperieren. Die Beschreibungen des mutmaßlichen Auftraggebers hingegen stimmen nicht überein. Sie variieren zwischen dreißig bis fünfunddreißig und fünfzig Jahre, groß und schlank beziehungsweise mittelgroß ohne weitere Details, kantiges beziehungsweise eher fülliges Gesicht. Die einzigen halbwegs verlässlichen Angaben: pechschwarze Haare und Augenbrauen. Und selbst hier: Der Haaransatz ist nicht derselbe. Für Blondeau hatte der Typ einen ausländischen Akzent, aber Genaueres über die Herkunft war ihm nicht zu entlocken. Der andere weiß nicht. Ein sehr vages Phantombild also, und wenn man ihnen zum jetzigen Zeitpunkt einen Verdächtigen vorführt, droht die Identifizierung ein reines Glücksspiel zu werden. Bei zwei Junkies kaum verwunderlich. Die ersten Überprüfungen an der Tankstelle Porte de Paris haben noch nichts erbracht, weil der Angestellte, der gestern um siebzehn Uhr dort war, inzwischen gegangen ist und erst morgen um vierzehn Uhr wiederkommt. Bis dahin ist er nicht erreichbar.«

»Es stellt sich allerdings eine ernste Frage«, fährt Denoël, der zweite Inspektor, fort. »Das war keine Profiarbeit. Die Ausführenden haben für gewöhnlich nie direkten Kontakt mit dem Auftraggeber. Ist es wirklich denkbar, dass jemand solchen Armleuchtern einen Mordauftrag erteilt?«

»Stimmt schon, das Ganze wirkt etwas stümperhaft«, sagt Daquin. »Das müssen wir im Hinterkopf behalten. Folgt man aber ihrer Version, war kein Polizistenmord geplant. Und der Auftraggeber musste rasch handeln. Nadine Speck hat Romero vor zwei Tagen in der Präfektur angerufen. Wir haben in Romeros Unterlagen den Hinweis auf ein Telefonat mit ihr gefunden, unter den Initialen N. S., vergangenen Dienstag um neun Uhr dreißig. Und auf die Verabredung heute Morgen um zehn in Levallois. Kaum zwei Tage, um den Mord zu organisieren.«

Lavorel und Le Dem betrachten angelegentlich die vor ihnen liegenden Akten. Gewiss, man hat den Hinweis auf Nadine Specks Anruf und die Verabredung gefunden, allerdings in Romeros privatem Terminkalender bei ihm zu Hause, nicht im Dezernat. Und beim Datum vom letzten Dienstag hat er notiert: 9:30 N. S. tel. (Martinon). Und der Name Martinon ist sämtlichen Teammitgliedern gänzlich unbekannt. Aber man gibt sich keine Blöße.

Daquin fährt fort: »Achtundvierzig Stunden, um einen Mord zu planen, das ist kurz, wenn man keine Erfahrung hat und auf keine Organisationsstruktur zurückgreifen kann. Und eins müssen wir wohl zugeben: Wir wären den beiden Armleuchtern nie auf die Spur gekommen, wenn sie nicht dummerweise zwei fabelhaften Kontaktbeamten über den Weg gelaufen wären, die während der Dienstzeit einen gehoben haben. Eine recht außergewöhnliche Sachlage, nicht wahr, Commissaire?«

»Waschlappen wie die brüsten sich am Ende immer mit ihren Heldentaten, und über die Junkieszene kommt uns das irgendwann zu Ohren.«

»Sicher, aber zu spät. Außerdem sind Vorstadtpflanzen zarte Gewächse, ein Motorradunfall, eine Abrechnung, eine Überdosis ... Nein, ich finde die Durchführung nicht schlecht. Wir werden nämlich noch viel Glück brauchen, um die Spur bis zum Auftraggeber zurückzuverfolgen.« Glück. Wie oft hat er zu Romero gesagt, er sei ein guter, weil vom Glück verwöhnter Polizist?

»Lassen Sie uns jetzt über das Mädchen sprechen«, sagt Gonzalès, den Blick auf eine aufgeschlagene Akte gerichtet. »Nadine Speck war neunzehn Jahre alt, sie wohnte in Lisle-sur-Seine, zusammen mit ihrem Bruder, der dort Stadionwart ist. Ein hochanständiger Typ, dem Commissaire von Lisle-sur-Seine zufolge, der ihn gut kennt, sie treffen sich regelmäßig, um Sicherheitsfragen rund um die Spiele zu besprechen. Ein Arbeitstier, nie auffällig geworden. Das Mädchen scheint keiner nennenswerten Tätigkeit nachgegangen zu sein, strafrechtlich liegt aber nichts gegen sie vor. Der Commissaire von Lisle-sur-Seine hat Speck persönlich vom Tod seiner Schwester unterrichtet, die er zuvor in der Leichenhalle identifiziert hatte, ohne jedoch zu sehr ins Detail zu gehen. Tatsächlich hat er ihm erzählt, dass sie wahrscheinlich zufällig getötet wurde, bei einer Abrechnung zwischen rivalisierenden Banden …«

Daquin verzieht das Gesicht. Das gefällt mir nicht. Ein Moment Schweigen. Dann sagt er mit undurchdringlicher Miene: »Wir greifen das alles morgen noch einmal auf.« An die beiden Inspektoren der Mordkommission gewandt: »Wir haben um fünfzehn Uhr einen Termin im Büro von Richter Bertrand in Nanterre. Wir werden ihn bitten, uns mit diesem Fall zu betrauen, in Zusammenarbeit mit Ihnen.«

Es ist 19:40 Uhr. Romero ist seit fast zehn Stunden tot.

Lavorel fährt auf direktem Weg heim nach Saint-Denis, nicht weit von Levallois. Eine Vierzimmerwohnung in einem Sozialwohnungsbau im Stadtzentrum, neben der Basilika. Seine Frau Francine ist Grundschullehrerin und Stadträtin. Als er zur Tür hereinkommt, sind sie und seine beiden vier- und sechsjährigen Töchter gerade in der Küche und essen unter fröhlichem Gelächter Crêpes, die die Ältere nach Bedarf frisch bäckt. Die Jüngere hat eine Zuckerschnute. Der Clan der Frauen.

»Wir haben nicht so früh mit dir gerechnet, du hast nicht angerufen, dass du zum Essen zu Hause bist …«, sagt Francine und stockt. »Geht's dir nicht gut?«

Sie lässt die Mädchen in der Küche allein, schließt die

Tür, zieht ihn ins Schlafzimmer. Sie ist ein solcher Halt. Es ist nicht sicher, dass er nicht geweint hat. Eine Stunde später schläft er traumlos, vollgestopft mit Schlafmitteln.

Daquin ist ins Drogendezernat am Quai des Orfèvres 36 zurückgefahren. Er lehnt in seinem Sessel, die Füße auf dem Schreibtisch, der Geist träge. Wie viele Cognacs seit heute früh? Mindestens ein Dutzend … Romero auf offener Straße erschossen, dazu eine Unbekannte und Kokain. Hört sich zu Gonzalès sagen: Ein Polizistenmord war nicht geplant. Was weiß ich denn schon? Soll ich mich allein auf die Aussagen dieser zwei Junkies verlassen? Romero, zehn Jahre meines Lebens, kann ich mich so getäuscht haben?

Er sieht sich um. Die Holzschränke voller Akten, die Anrichte mit der Espressomaschine, die große Korkpinnwand, an der sich Nachrichten, Pläne, Adressen, Notizzettel, Termine drängen. Neben dem Schreibtisch der Tisch, die vier Stühle, zweckmäßig und nullachtfünfzehn, Hunderte von Besprechungen mit seinen Inspektoren. Verstörter Blick auf diese vertraute Umgebung.

Daquin steht schwerfällig auf, macht sich einen pechschwarzen Espresso. Stille. Das Büro liegt einsam am Ende eines Flurs im obersten Stock des großen Gebäudes, und sein Fenster geht zum Hof. Allein. Keine Lust, heute Abend allein in das efeuüberwucherte stille Häuschen in der Villa des Artistes zurückzukehren. Blick auf die Armbanduhr. 20:30 Uhr. Sam muss noch in der Redaktion sein, er hat Bereitschaft. Anruf.

»Sam, ich brauch dich heute Nacht. Sehen wir uns nachher bei mir?«

Noch ein Espresso. Daquin schaltet den Computer ein, er muss für das Treffen mit dem Richter morgen Nachmittag einen Bericht anfertigen. Mit zu viel Promille und dem Kopf voller Bilder von Sams dargebotenem nacktem Körper. Erstes Ziel, die Ermittlung unbedingt im Drogendezernat behalten. Romero wurde bei einem Treffen mit einem Spitzel erschossen, im Rahmen einer Ermittlung, mit der ich ihn betraut hatte ... Welche Ermittlung? Kokain, Levallois ... ich brauche einen Anknüpfungspunkt. Eine Folgerecherche im PAMA-Fall vom letzten November, ein Kokainring im Umfeld der Bürotürme von La Défense. Der Doppelmord beweist die Existenz dieses Rings und seine Macht. In Zusammenarbeit mit dem kriminaltechnischen Labor konzentriert sich unsere Ermittlung auf die Waffen und das Geld aus dem Auftrag. Und auf die Identifizierung des Auftraggebers, indem wir uns Romeros Akten noch einmal vornehmen. Was nur wir tun können.

Aufblitzen der kräftigen Schenkel, der Blässe des Hinterns, rund, muskulös.

Auch wenn nichts richtig ins Bild passt, weder die beiden Armleuchter von Mördern noch Romeros fehlende Vorsichtsmaßnahmen noch letztlich das Vorhandensein von zwanzig bis dreißig Gramm Kokain am Tatort. Aber mit solchen Details wird sich der Richter nicht aufhalten. Ich werde ihm sagen, dass in dieser Sache Eile geboten ist. Spuren lassen sich leicht beseitigen, und die Verbindung zwischen den beiden Fällen ist schon jetzt so dürftig ...

Und natürlich kein Wort über besagten Martinon, solange wir nichts über ihn wissen.

Schluss für heute Abend. Es ist fast elf. Nur noch ein obsessiver Gedanke: Sam nehmen, jetzt. Pralles Geschlecht und surrender Kopf.

Als Daquin heimkommt, liegt der große Raum im Parterre im Dunkeln, doch im Zwischengeschoss brennt Licht. Er steigt die Treppe hoch, Stufe für Stufe, als sei dies die letzte Überlebenschance, als ginge direkt hinter ihm die Welt unter, mit jedem Schritt ein Stück mehr. Sam schläft, liegt nackt auf dem Bauch, die Arme gekreuzt, schwach beleuchtet von einer Lampe auf dem Boden. Seine Silhouette ist irreal, leblos, tot … Leben! Rausch – Begehren, Wut, Alkohol. Tief sitzende Aggression. Daquin dringt gewaltsam in den Körper ein, der sich widersetzt, ersticktes Wimmern ins Kopfkissen, der Leib windet sich, um zu entkommen. Daquin, so viel schwerer, so viel breiter, stemmt sich mit seinem vollen Gewicht gegen ihn. Und der andere gibt plötzlich nach. Da, endlich, der Orgasmus, strahlend hell, gewaltig.

Schlaf nicht ein. Dieser reglose Körper, die Arme um den Kopf gewinkelt, ohne Gesicht und ohne Stimme unter deinem Gewicht. Schlaf nicht ein. Diesen Mann voller Wärme, deinen Geliebten, verlierst du, wenn du einschläfst. Leise flüsternd: Sam, hilf mir da raus.

Eiskalte Dusche, Bademantel. Daquin geht hinunter in die Küche, Espresso machen. Steigt mit einer vollen Kanne und zwei Tassen wieder nach oben, kniet sich neben das Bett, füllt beide Tassen. Sam sitzt an die Wand gelehnt im Schneidersitz auf dem Bett, schmales Gesicht, das feuchte schwarze Haar klebt an der Stirn, wachsamer blauer Blick, Kraft und ein Schuss Angst. Eine unendlich verführerische Mischung. Er nimmt seine Tasse, trinkt kleine Schlucke.

Langes, träges, intimes Gespräch über die Dinge des Lebens, dann: »Wenn ich mich recht erinnere, hast du vor deinem Aufenthalt in den Staaten beim FC Lisle-sur-Seine gespielt, oder?«

»Ja. So vor sechs, sieben Jahren. Da war das längst nicht der Verein, der es heute ist. Damals war es ein Amateurclub. Ich erhielt hier und da Spielerprämien, war aber kein richtiger Profi. Als er in die zweite Liga aufstieg, bin ich nicht geblieben, ich war nicht gut genug.«

»Ich fahre morgen dorthin.«

»Aha, wieso?«

In dem blauen Blick überwiegt schlagartig die Angst. Merkwürdig. »Hat sich so ergeben. Heute wurde bei einer Abrechnung unter Dealern eine junge Frau erschossen, und sie ist die Schwester des Stadionwarts. Ich will mit ihm reden.«

»Ich fahre morgen Abend für die Zeitung hin. Ein wichtiges, womöglich entscheidendes Spiel um die Meisterschaft.«

Sam stellt seine Tasse auf den Boden, zwei Falten auf dem flachen Bauch. Daquin streicht leicht über den

Nacken, den das etwas zu lange schwarze Haar verdeckt, fährt die Schulterlinie entlang, berührt die pochende Vene am Halsansatz, streift die Brustwarze, stützt sich auf die flache Hüfte, gleitet zum Rücken, über die weiche, warme Haut im Kreuz, Aufwallung von Zärtlichkeit.

»Lass mich dich lieben, Sam, ganz respektvoll, ganz langsam, und dich befriedigen. Und dann lass mich neben dir einschlafen.«

Zweiter Tag

Freitag, 4. Mai 1990

Beim Betreten der Leichenhalle meint Daquin die kleinen toskanischen Zigarren zu riechen, die Romero sich hier immer ansteckte, um gegen den Geruch von Formalin und Tod anzustinken, der ihm den Magen umdrehte. Da ist Nadines Leiche, das Gesicht aufgedeckt. Ein längliches, bleiches und farbloses Gesicht, geschlossene Augen, blasse Brauen und Wimpern, markante Nase, gerader Mund, praktisch ohne Lippen, feines, langes, glattes blondes Haar. Keine Spur von Make-up. Eher mager als schlank. Seit vierundzwanzig Stunden tot und schon alterslos.

Kurzer Blick auf die Liste der Kleidungsstücke, die sie zum Zeitpunkt ihres Todes trug: Bluejeans, grünes T-Shirt, Jeansjacke und Turnschuhe, Baumwollslip und kein BH.

Fürs Erste ganz gewöhnlich und ungreifbar.

Der rechtsmedizinische Befund vermerkt neben einer

gründlichen Analyse der Verletzungen, die Daquin überspringt: In jüngster Zeit regelmäßiger Konsum von Methamphetaminen und Amphetaminen (es folgt eine Liste von Produkten mit ihren wissenschaftlichen Bezeichnungen), Spuren von Ephedrin und Heroin, vermutlich als Cocktail konsumiert, Kokain sowie Alkohol. Ein wahres Chemielabor. Gut. Das hilft mir, die These vom Drogenhändlerring zu stützen. HIV-positiv. In den Stunden vor ihrem Tod Geschlechtsverkehr ohne Präservativ und ohne Gewalt. Sie trug eine Spirale. Eine voll ausgetragene Schwangerschaft mit anschließender natürlicher Geburt, vor drei oder vier Jahren … schnell nachgerechnet, also etwa mit fünfzehn.

In einer Plastiktüte die Gegenstände, die bei der Toten gefunden wurden. Ein Schlüsselbund, eine lederne Faltbörse, darin um die hundert Franc, Busfahrkarten und eine Geldkarte auf den Namen ihres Bruders, Ausweispapiere in einer Plastikhülle. Eine zerbrochene Sonnenbrille. Eine Armbanduhr. Daquin beugt sich vor. Die immer noch geht. Eine Omega. Sieh an. Und das war's.

Letzter Blick auf das bleiche Gesicht. Kaum fertiger als der Durchschnitt. Ein kleiner Spitzel für ein banales Geschäft mit Ice, Amphetaminen, Koks oder Heroin? Jäher Hass, vollkommen irrational.

Lisle-sur-Seine, ein Pariser Vorort im Grenzbereich zwischen dem Dienstleistungs-Schick der Bürostadt La Défense und den Arbeitervierteln von Seine-Saint-Denis. Daquin umfährt ihn auf der Umgehungsstraße und landet direkt beim Fußballstadion, errichtet am äußersten Ende der Gemeinde am Seineufer, auf riesigen, sorgsam mit Bäumen und Rasen gestalteten Flächen inmitten eines dahinsiechenden Industriehafengebiets.

Rechts, durch Gitter abgetrennt, die wuchtige Tribünenanlage, etwas erschlagend, sehr nah, für geschätzte 15 000 bis 20 000 Personen, mehrfach erweitert, die Kurven noch im Bau. Hinter dem Stadion riesige asphaltierte Parkplätze, ein Stück weiter Sozialwohnungsblocks. Vor ihm ein würfelförmiges kleines Betongebäude, vermutlich Büros, dahinter das Trainingsgelände, auf dem einige Fertigbauhallen stehen. Und zur Linken, etwas höher gelegen, ein gepflegtes modernes Haus mitten im Grünen.

Offenbar keine Menschenseele da. Seltsam zu dieser vormittäglichen Stunde. Außer in den Büros. Daquin tritt ein. Zwischen Computern und Aktenstapeln bilden fünf Frauen einen Schreibpool. Daquin geht zu der, die der Tür am nächsten sitzt, und stellt sich vor.

»Nicht viel los in diesem Stadion …«

Wissendes Lächeln. »Heute Abend ist ein Spiel, alle Spieler und das Betreuerteam sind abgetaucht. Und die Bauarbeiten sind unterbrochen.«

»Ich suche Éric Speck.«

Mitleidig: »Er ist auf den Tribünen und macht letzte Sicherheitskontrollen.«

Speck ist nicht schwer zu finden. Dort steht er, ganz allein auf der Ehrentribüne, in einem Trainingsanzug in den Vereinsfarben Grün und Orange, über einen vor ihm ausgebreiteten Plan gebeugt. In den Kurven sind die nackten Betonflächen übersät mit mehr oder weniger kunstvollen Tags und Graffiti. Auf die Stufen der Treppen zwischen den Sitzreihen sind langgezogene weiße Riesenfiguren gesprayt, die rennen oder klettern. Viel Bewegung. An der Mauer hinter der linken Kurve ein Schriftzug in reich verzierten, über zwei Meter hohen Lettern: Fanblock Nord.

»Éric Speck? Ich bin Commissaire Daquin.«

Er dreht sich um. Nicht sehr groß, stämmig, kurz geschnittenes kastanienbraunes Haar, dickliches Gesicht. Älter als seine Schwester, vermutlich um die fünfunddreißig. Sichtlich keinerlei Ähnlichkeit mit der Beschreibung der beiden Armleuchter, sofern die nicht ohnehin frei erfunden ist.

»Was wollen Sie von mir?«

»Mit Ihnen über Ihre Schwester reden.«

»Das passt gerade nicht. An einem Spieltag habe ich keine Zeit zu vergeuden.«

Er dreht Daquin den Rücken zu und fährt wieder mit dem Finger über seinen Plan. Hochanständiger Typ, meinte der Commissaire von Lisle-sur-Seine. Wie sehen in dieser Stadt dann die nicht Hochanständigen aus? Daquin packt ihn am Arm und zwingt ihn, ihm ins Gesicht zu sehen.

Eisig: »Ich habe ein paar Fragen an Sie. Beantworten Sie sie gleich, oder soll ich Sie für heute Nachmittag aufs Kommissariat bestellen und zwei Polizisten in Uniform schicken, um Sie hinzubringen?«

Speck tritt von einem Fuß auf den anderen. Nach ein paar Sekunden: »Fragen Sie schon.«

Daquin drückt ihn auf einen Sitz und setzt sich schräg neben ihn, damit er ihn ansehen kann. Der andere blickt starr auf den Rasen unterhalb der Tribünen.

»Was haben Sie vorgestern zwischen sechzehn und achtzehn Uhr gemacht?«

Speck wirkt überrascht. Kurzer Blick zu Daquin. »Kann ich Ihnen nicht genau sagen. Dasselbe wie sonst auch. Zwischen siebzehn und achtzehn Uhr überprüfe ich, ob die für die Kabinen und für die Büros zuständigen Putzkolonnen da sind, und bespreche letzte Einzelheiten mit deren Chefs. Warum fragen Sie mich das? Was hat das mit meiner Schwester zu tun?«

»Was wissen Sie über den Tod Ihrer Schwester?«

»Dass sie gestern Morgen gegen zehn in Levallois erschossen wurde, bei einer Abrechnung zwischen rivalisierenden Banden von Kleinkriminellen aus Argenteuil.«

Es hat ihm noch niemand etwas gesagt. Ich verstehe nicht, warum. Immerhin gibt mir das mehr Handlungsspielraum.

»Ganz so war es nicht. Ihre Schwester wurde durch eine Maschinenpistolensalve in den Rücken getötet, abgefeuert von einem fahrenden Motorrad. Sieben Einschüsse, drei davon tödlich. Sie war sofort tot. Den Leichnam traf eine zweite Salve in die linke Seite, hier wurden vier Einschüsse festgestellt. Was auf einen geübten Schützen hindeutet. Und die beiden Kleinkriminellen, die auf sie geschossen haben, haben achtzigtausend Franc dafür kassiert.«

Jetzt ist Speck ernstlich erschüttert. »Meine Schwester … Das kann nicht sein …«

»Das kann nicht nur sein, das ist so. Wir haben die Mörder festgenommen, die inzwischen lückenlose Geständnisse abgelegt haben, wir haben die Mordwaffe und die Hälfte der vereinbarten Summe. Und die Mörder haben sich vorgestern um siebzehn Uhr mit dem Auftraggeber getroffen.«

Speck fährt auf. »Also verdächtigen Sie mich, dass ich sie habe ermorden lassen?«

»Nicht unbedingt. Ich will nur sichergehen, das ist alles. Mein Problem ist folgendes: Ich muss herausfinden, wer den Mord an Ihrer Schwester in Auftrag gegeben hat. Da ich keine konkrete Spur habe, suche ich nach dem Motiv. Ihre Schwester hat zusammen mit Ihnen hier gelebt? In dem Haus am Stadioneingang?«

Erneuter Seitenblick zu Daquin. »Ja. Ich habe meine Schwester großgezogen.«

»Wussten Sie, dass Ihre Schwester zum Funktionieren Amphetamine, Kokain und noch andere Drogen brauchte?«

Speck wendet das Gesicht ab, lässt einen Moment verstreichen. Sieht Daquin wieder an. »Ja. Was hätte ich denn tun sollen? Denken Sie, das ist leicht?«

»Das habe ich nicht gesagt. Kennen Sie ihre Lieferanten?«

»Ganz bestimmt nicht.«

»Woher hatte sie das Geld?«

Schweigen. »Ich habe es ihr gegeben. Meine Schwester hat nicht gearbeitet.« Er dreht sich zu Daquin hin. »Ich dachte, dass ich so das Schlimmste verhindere.«

»Fuhr sie oft nach Levallois?«

»Ziemlich regelmäßig. Sie zog dort gern durch die Läden, die sind um einiges schicker als die in Lisle-sur-Seine.«

»Hätte sie sich dort Drogen beschaffen können?«

»Vielleicht.«

»Erzählen Sie mir bitte, wie Ihr jeweiliger Tagesablauf aussah.«

»Ganz geregelt. Ich stehe jeden Morgen um sieben auf und bin um acht bei der Arbeit, im Büro oder im Stadion. Nadine stand normalerweise ziemlich spät auf und ging selten vor dem Mittagessen aus dem Haus. Wir aßen praktisch jeden Tag zusammen zu Mittag, sie übernahm das Kochen. Nachmittags arbeite ich, oft bis spät. Sie ging einkaufen, traf Freunde, kam heim, um mit mir zu essen, oder ging abends aus. Ich bin nie mitgegangen. Abends bin ich müde und setze mich vor den Fernseher.«

»Können Sie mir eine Liste ihrer Freunde geben?«

Er macht wieder dicht. »Die kenne ich nicht. Ich habe nicht kontrolliert, wohin sie ging. Nadine war sehr reif, schon lange. Außerdem bin ich ihr Bruder, nicht ihr Vater.«

»Hat sie den vergangenen Dienstagvormittag hier verbracht?«

Stirnrunzeln. »Vermutlich.« Er zögert. »Ja, sie war hier, wäre sie weg gewesen, würde ich mich daran erinnern.«

»Weil sie nämlich an diesem Morgen einen meiner Inspektoren anrief und sich für Donnerstag um zehn in Levallois mit ihm verabredet hat, wo er dann zusammen mit ihr niedergeschossen wurde …«

Bestürzung, dann Nervosität. Speck faltet die Hände, löst

sie wieder, steht auf, läuft den Mittelgang entlang, kommt zurück und setzt sich hin, ohne Daquin anzusehen.

»Was hat sie diesem Inspektor Ihrer Ansicht nach gesagt?«

»Ich habe nicht die geringste Ahnung. Meine Schwester hatte der Polizei nichts zu sagen.«

»Meinen Sie?« Schweigen. »Dann hätte sie also an diesem Morgen von zu Hause aus angerufen?«

»Sieht so aus.«

»Sie hätten diesen Anruf also sehr wohl mitbekommen können?«

»Ich bin morgens nie zu Hause. Ich arbeite im Büro oder auf dem Stadiongelände, das sagte ich Ihnen bereits. Und ich habe meine Schwester nicht umgebracht.«

»Schön. Wir werden Ihren Tagesablauf überprüfen. Und der Tag vor ihrem Tod, wie sah der aus?«

»Am Mittwoch hat sie das Haus nicht verlassen. Sie hat Abendessen gemacht, Kalbsbraten mit Erbsen. Wir haben zusammen ferngesehen. Dann sind wir schlafen gegangen.«

»Sie hatte am Abend oder in der Nacht mit niemandem außer Ihnen Kontakt?«

Kategorisch: »Nein.« Ein Zögern, eine dämmernde Erinnerung. Dann, argwöhnisch: »Worauf wollen Sie hinaus?«

Daquin antwortet nicht und fragt weiter: »Wussten Sie, dass Ihre Schwester HIV-positiv war?«

Speck sackt buchstäblich auf dem Sitz zusammen. Nach kurzem Schweigen: »Nein, das wusste ich nicht.«

»Und was ist aus dem Kind geworden, das sie geboren hat?«

Speck sieht Daquin endlich an, lange, triefend vor Hass. »Sie hat es weggegeben. Das Recht dazu hatte sie. Lassen Sie meine Schwester in Ruhe. Und mich auch.«

»Waren Sie der Vater?«

Speck springt auf, kreideweiß, zusammengepresste Kiefer, Fäuste geballt. Daquin macht sich bereit, einen Hieb abzublocken. Dann schnappt sich Speck wortlos seinen Plan, dreht Daquin den Rücken zu und macht sich wieder an die Arbeit.

Daquin steht ebenfalls auf. Rückblende auf Nadines Leichnam. Vermutlich doch nicht so gewöhnlich, nie dem ersten Eindruck trauen.

»Ich würde gern einen Blick in das Zimmer Ihrer Schwester werfen.«

»Nein. Das Haus ist abgeschlossen, ich habe zu arbeiten und keine Zeit, Sie zu begleiten. Es sei denn, Sie haben eine richterliche Anordnung.«

»Habe ich nicht. Ich komme also wieder, Monsieur Speck. Bis dahin werden Sie Lisle-sur-Seine selbstverständlich nicht verlassen.«

Daquin steigt von den Tribünen und geht zu seinem Wagen, den er neben den Büros geparkt hat. Zwei Männer kommen ihm entgegen. Einer davon, nicht größer als eins siebzig, schlank, mit sehr lebhafter Mimik und großen braunen Augen, die im Schatten der Wimpern wach blicken, ist Reynaud. Daquin erkennt ihn, weil er sein Foto oft in der Zeitung gesehen hat. Bürgermeister von Lisle-sur-Seine, Präsident des Fußballvereins, Chef eines dynamischen Bauunternehmens, ein Gipfelstürmer der Achtziger. Braunes Jackett und beige Hose, lässig elegant. Lächelnd, etwas fahrig und herzlich. Er drückt Daquin die Hand.

»Ich darf mich vorstellen. Jean-Pierre Reynaud. Ich bin der Vereinspräsident. Die Sekretärinnen haben mir gesagt, dass Sie hier sind …«

Ein zwanghafter Verführer an allen Fronten. Spontanes Misstrauen.

Mit Blick auf seinen Begleiter: »Monsieur Danjou, mein Sekretär.«

Groß, massig, breitschultrig, dunkelgrauer Anzug über weißem Hemd und Krawatte in Grautönen, eine Art Uniform für jede Gelegenheit. Ein Fels, mit genau dem nötigen Maß an Distanz, um seinem Chef nicht auf den Leim zu gehen. An dem führt sicher kein Weg vorbei. Aber beileibe kein freundlicher Scherzbold.

Kurzes Schweigen, dann fährt Reynaud fort: »Ich hörte von dem Mord an Nicole …«

»Wann und von wem, Monsieur Reynaud?«

Erstaunt: »Na, gestern Nachmittag, von ihrem Bruder.«

»Kennen Sie die beiden Specks gut?«

»Natürlich. Éric Speck überwacht die Instandhaltung sämtlicher Vereinsanlagen, wir sehen uns praktisch täglich.«

»Und seine Schwester?«

»Ich bin ihr oft begegnet. Mehr nicht.« Dann kommt er auf sein ursprüngliches Anliegen zurück: »Ich wollte wissen, wie weit Sie mit Ihrer Ermittlung sind. Verstehen Sie mich recht. Wenn ein Mitglied meines Vereins auf irgendeine Weise in ein Verbrechen verwickelt ist, möchte ich Ihnen die Arbeit so weit wie möglich erleichtern. Andererseits sind dies die letzten Spieltage der Meisterschaft, wir haben gute Chancen, sie zu gewinnen, ich muss meine Spieler schützen … Das ist ein empfindliches Räderwerk, das schon bei der kleinsten Erschütterung nicht mehr ineinandergreift …«

Daquin grinst unverhohlen. Das Bild ist ein wenig abgedroschen. »Sie haben vorerst nichts zu befürchten. Ich bin nur gekommen, um Speck über die Umstände zu informieren, unter denen seine Schwester ermordet wurde. Was ihn übrigens erschüttert zu haben scheint. Aber für mich ist er außer Verdacht.«

»Ich bin sehr erleichtert, das zu hören. Wollen Sie mit uns zu Mittag essen, Commissaire?«

»Geht nicht. Ich habe einen Gerichtstermin in Nanterre.«

»Das bedaure ich …«

Daquin registriert belustigt, dass das vermutlich stimmt.

»… Dann erlauben Sie mir, Sie zum Spiel einzuladen. Ein großes Spiel, hoffe ich. Wir können jedenfalls schon heute Abend die Meisterschaft gewinnen.«

Ein Hauch von Verärgerung auf dem Gesicht des Sekretärs. Er ist nicht der Verführertyp.

»Ich bin eigentlich kein Fußballfan, nehme die Einladung aber gern an.«

»Na, dann also bis heute Abend, Commissaire, in meiner Loge.«

Daquin entfernt sich. Reynaud und Danjou haben ihm

den Rücken zugedreht, stecken die Köpfe zusammen und wechseln ein paar Worte. Reynaud zieht eine Zigarette aus seiner Tasche, Danjou gibt ihm Feuer. Vertrautheit und Vertrauen. Aber der starke Mann ist Danjou, täusch dich nicht. Dann steigen sie hoch zu den Tribünen, vermutlich auf der Suche nach Speck.

BP-Tankstelle an der Porte de Paris, relativ geschützt zwischen Bäumen und Grün inmitten von Autobahnzubringern und Fahrzeuglawinen. Ein einzelner junger Mann an der Kasse. Le Dem zeigt seinen Polizeiausweis.

»Waren Sie vorgestern um siebzehn Uhr hier?«

»Ja. Der Geschäftsführer hat mir gesagt, dass Sie vorbeikommen. War es ein Kumpel von Ihnen, der getötet wurde?«

Blick zu Lavorel, der gedankenverloren durch den Verkaufsraum schlendert, unfähig, sich zu konzentrieren. Romero, ein Kumpel von mir? Guter Witz. Erinnerung an seine erste Observierung fürs Drogendezernat, mit ebenjenem Romero. Seine Gewalttätigkeit gegenüber einem verletzten jungen Dealer. Eine körperliche Gewalt, zu der er stand. Und die ihre Wirkung nicht verfehlte. Nein, Romero war Lavorels Kumpel, nicht meiner.

»Genau. Ein Kumpel von uns. Zwei Männer mit einem schwarzen Motorrad vorgestern gegen siebzehn Uhr dreißig, sagt Ihnen das was?«

Der Kassierer fertigt einen Kunden ab, wendet sich dann wieder Le Dem zu. »Zwei Kerle auf einem Motorrad, ganz in Schwarz, und ziemlich aufgeputscht. Die haben sich um die Zeit bei den Zapfsäulen herumgedrückt. Ich hab sie nebenher im Auge behalten, man weiß ja nie. Ein Typ, der an einer anderen Säule tankte, ging zu ihnen rüber, die haben sicher über Motorräder gequatscht. Ich hatte Sorge, dass sie sich prügeln, die Gefahr besteht ja immer. Danach kamen sie zahlen. Und letztlich gab's keine Scherereien.«

»Wie hat der Mann bezahlt, der die beiden angesprochen hat?«

»In bar. Zwei nagelneue schöne Scheine. Die beiden anderen übrigens auch.«

»Wie sah er aus?«

»Kann ich Ihnen nicht sagen. Hier kommen 'ne Menge Leute durch, wissen Sie, und für ihn habe ich mich nicht interessiert. Er war ein ganz normaler Typ. Ich hatte die Motorradfahrer im Auge, die machten mir Sorgen.«

»Versuchen Sie sich an ein kleines Detail zu erinnern, irgendwas. Trug er Schmuck … rauchte er Zigarre … hatte er einen Tick … einen Akzent?«

Ihm fällt nichts ein. Lavorel und Le Dem treten hinaus zur Zapfanlage.

»Kann gut sein, dass die aberwitzige Story unserer beiden Armleuchter stimmt.«

Lavorel verzieht das Gesicht. »Aber wir sind keinen Schritt weiter.« Ein Moment vergeht. »Leisten wir dem Chef jetzt Schützenhilfe beim Richter?«

»Fahr du hin. Ich bleibe hier und schnüffle noch ein bisschen rum.«

Le Dem schlendert zwischen den Zapfsäulen umher, dann bis hinunter zu den Bushaltestellen, kehrt zurück in den Shop, geht aufs Klo, kauft eine Flasche Wasser, gönnt sich einen Kaffee am Automaten. Dünn und süß, wie immer. Bretonischer Kaffee, sagt Daquin. Romero, der hatte sämtliche Gepflogenheiten des Chefs übernommen, auch den sehr starken Espresso ohne Zucker.

Der Nachmittag schreitet voran. Die Kunden werden zahlreicher, und sosehr sich der Kassierer auch beeilt, es bildet sich eine kleine Schlange. Le Dem hat einen Geistesblitz. Um siebzehn Uhr war der Mann, den ich suche, hier nicht allein. Er war mehrere Minuten mit anderen Kunden zusammen, denen vielleicht etwas aufgefallen ist. Keine sehr vielversprechende Hypothese, aber einen Versuch ist es wert.

Die Kasse registriert Tag und Uhrzeit des getätigten Geschäfts sowie Zahlungsbetrag und Zahlungsart. Vorgestern gegen siebzehn Uhr, oder vielmehr kurz danach, entsprechen zwei Barbeträge einer Motorrad- und einer Kleinwagentankfüllung. Und fünf Personen haben in den darauffolgenden Minuten mit Geldkarte gezahlt. Jetzt schnell, um sie aufzuspüren, bevor die Banken schließen.

Auberger und Denoël von der Mordkommission sowie Daquin und Lavorel vom Drogendezernat drängen sich in dem kleinen Büro von Richter Bertrand, der sie stehend empfängt. Bisschen klein, bisschen stämmig, um die vierzig, schwarzes Strubbelhaar, Tweedjackett mit ausgebeulten Ellenbogen, eine hoffnungslos bäuerliche

Erscheinung, äußert befangen ein paar Worte des Beileids, dann setzen sich alle. Er schlägt die vor ihm auf dem Schreibtisch liegende Akte auf, räuspert sich.

»Ich bin kein Strafrechtsexperte. Mein Gebiet ist normalerweise eher die Wirtschaftskriminalität.«

Verstimmung. Der stellvertretende Staatsanwalt, der sich nur kurz am Tatort blicken lässt, der Richter, der erklärt, dass er sich nicht auskennt … Der Tod von Inspecteur Romero ist für sie nicht wirklich relevant. Oder sie wollen sich schleunigst eine faule Geschichte vom Hals schaffen …

Der Richter blättert in der Akte und fährt an Daquin gewandt fort: »Ich habe Ihren Bericht über den Doppelmord gelesen. Die beiden Mörder sind festgenommen, es liegen Geständnisse und konkrete Beweise vor. Ich habe die Anklagen und die Verbringung in Untersuchungshaft vorbereitet. Ihrer Meinung nach, Commissaire, handelt es sich also um einen Fall von Drogenhandel, und die Auftraggeber der Morde sind weiter oben in den Dealerringen zu suchen?«

»Zweifellos.«

»Welche Ansätze verfolgen Sie?«

»Ich habe sie in meinem Bericht aufgeführt. Das kriminaltechnische Labor befasst sich bereits mit den aus dem Auftrag stammenden Geldscheinen und der Tatwaffe. Die Ergebnisse müssen wir abwarten. Der Bericht unserer beiden Armleuchter wurde heute von dem Tankstellenangestellten bestätigt, aber eine wirklich verlässliche Personenbeschreibung haben wir im Augenblick nicht. Unser Hauptziel ist, den Auftraggeber zu finden. Zunächst anhand einer gründlichen Durchsicht von Romeros Arbeitsunterlagen. Des Weiteren hat der Auftraggeber die Mörder telefonisch kontaktiert. Woher hatte er ihre Nummer? Als Erstes versuchen wir es bei den Drogendealern in Argenteuil, weil wir in A 406 jede Menge Drogen aller Art gefunden haben. Dann bei ihren gelegentlichen Arbeitgebern, alle mehr oder weniger sauber. Sollte das nichts bringen, klappern wir als Letztes die Schützenvereine der Gegend ab: Der Schütze war sehr geübt, irgendwo muss er zwangsläufig trainieren.« Der Richter macht sich Notizen, Daquin wartet kurz, fährt dann fort. »Heute Morgen habe ich Nadine Specks Bruder einen Besuch abgestattet. Momentan denke ich, er ist nicht direkt in das Verbrechen verwickelt, aber er weiß weit mehr, als er sagt, und verhält sich der Polizei gegenüber höchst unkooperativ, das scheint mir offensichtlich. Deshalb ersuche ich Sie um die richterliche Abhörgenehmigung für seinen Telefonanschluss.«

Stattgegeben. Als alle aufstehen, um zu gehen, hält der Richter Daquin zurück.

»Sagen Sie, Commissaire, am Tatort wurde Kokain gefunden. Besteht auch nur die geringste Möglichkeit, dass Ihr Inspektor sich mit Dealern eingelassen hatte, die ihn dann haben umbringen lassen?«

Eisig: »Nein. Keinesfalls. Die Mörder hatten es im Übrigen auf das Mädchen abgesehen, nicht auf meinen Inspektor. Ich lasse Ihnen eine dienstliche Beurteilung von Inspecteur Romero zukommen.«

Beim Hinausgehen suchender Blick. Lavorel ist verschwunden.

Daquin kehrt allein ins Dezernat zurück. In seinem Büro erwartet ihn Le Dem, dessen gewohnte Gegenwart etwas Tröstliches hat.

»Unser Unbekannter besitzt eine Dauerkarte für die Ehrentribüne des FC Lisle-sur-Seine.«

Daquin sieht ihn an und macht aus seiner Verblüffung keinen Hehl. »Na, Le Dem, Sie haben ja keine Zeit verschwendet. Klären Sie mich auf.«

»Ich habe einen Tankstellenkunden ausfindig gemacht, der hinter ihm stand, als er an der Kasse bezahlt hat. Er hat seine Brieftasche geöffnet, um ein paar Scheine herauszunehmen, und mein Zeuge hat ganz deutlich die Dauerkarte gesehen. Er ist sicher, dass er sich nicht täuscht, weder was die Karte noch was den Mann angeht – groß, eher eins achtzig, schlank und pechschwarzes Haar –, denn er ist selbst FC-Fan und fand, dass der Typ ein verdammter Glückspilz ist.«

»Das ähnelt mehr Larribis Beschreibung … Ein Akzent?«

»Ist ihm nicht aufgefallen, er ist aber nicht sicher, ob er ihn überhaupt hat sprechen hören. Und er hat ihn kein einziges Mal von vorn gesehen.«

»Das verleiht dem Spiel heute Abend doch einen gewissen Reiz.«

Romero ist seit einunddreißig Stunden tot.

Kurzer Abstecher zum Häuschen in der Villa des Artistes. Daquin durchquert zügig den großen Raum im Parterre, holzvertäfelte Wände, Möbel aus Holz und Leder, hinten die opulent ausgestattete amerikanische Küche, Holztresen und altgelbe Fliesen. Er steigt hoch ins Zwischengeschoss. In der Mitte des Schlafzimmers das Bett mit der herbstlaubfarbenen Decke. Lustvoller Schauer. Heute Abend bringe ich Sam mit her, und das ist gut. Entlang der Wände Regale, überladen mit mehrreihig gestellten Büchern. Er betritt das komplett weiß geflieste Bad, heiße Wanne, kalte Massagedusche. Nackt vor dem großen Spiegel, gründliche Nassrasur. Der Blick folgt der Hand, erforscht das Gesicht bis in die kleinsten Falten. Kaum wahrnehmbar der nicht mehr ganz so markante Kiefer, die schwerer gewordenen Lider, die Spuren des Todes. Nicht daran denken. Weitermachen.

Daquin wechselt ins Ankleidezimmer, Schränke und Schubfächer aus Mahagoni. Kleiderwahl mit Sinn für Abweichung und Distanz. Leinenanzug mit Maokragen in Beige. Kragenloses nachtblaues Hemd. Wildlederschuhe. Und vorm Gehen einen Espresso.

Daquin ist schon um 19:30 Uhr in Stadionnähe. Wie erwartet ist das Hineinkommen schwierig, das Stadion wurde erweitert, und die Zufahrtswege sind für die aktuellen Besucherzahlen nicht ausgelegt. Nachdem er zunächst im Gedränge der Fahrzeuge und Fußgänger festgesteckt hat, findet Daquin schließlich den Parkplatz für geladene Gäste und Besitzer von Dauerkarten für die Ehrentribüne, nennt dem Wachmann seinen Namen und geht hinein. Unter der Tribüne wurde ein Empfangsraum eingerichtet, etwas spartanisch, stoffbespannte Betonwände, ein paar Spots, auf Böcken ein großes Brett mit einem weißen Tuch, darauf jede Menge Gläser und Teller mit kleinen Sandwichs. Ein Kellner serviert Whisky, Pastis, Champagner und Saft. Über hundert Männer, nicht eine Frau, zusammengeschart zu ganz unterschiedlichen, sich immer wieder neu formierenden Gruppen, Glas in der Hand, gedämpfte, fast vertrauliche Gespräche vor einer lauten Geräuschkulisse – Musik, Trommelwirbel, Zuschauertrubel von den Tribünen hinter den geschlossenen Türen. Leitende Angestellte von Firmen aus La Défense, ganz in der Nähe. Ein paar Chefs hiesiger Betriebe mit noch entfernt proletarischem Aussehen und Auftreten sowie weitere, auf den ersten Blick schwerer einzuordnende Gäste. Polizisten, Ganoven? Lokalpolitiker? Daquin arbeitet sich vor zum Buffet.

»Die Stadtverwaltung von Colombes erneuert demnächst ihren Fuhrpark … Leasing-Finanzierung … Gesprächstermin … der Vertrag mit Andersen läuft im Juni aus … Unsere Buchhaltung ist abgestürzt, wieder mal eine Glanzleistung unserer IT …«

Zwei umlagerte Filmschauspieler. Ein amtierender Minister spricht lächelnd und mit lauter Stimme. »Die Politik für diese Stadt wird hier gemacht, nicht in den Pariser Büros …« Reynaud ist nicht da, der schwarzhaarige Unbekannte augenscheinlich auch nicht.

Ein Mann steuert auf Daquin zu. Nicht sehr groß, über sechzig, Bauchansatz, eine sympathische Erscheinung, liebenswürdig und leutselig. Er drückt ihm die Hand. »Léonard, Polizeikommissar im Ruhestand und Vizepräsident des Vereins. Reynaud hat mich damit betraut, Sie in Empfang zu nehmen. Er selbst erscheint nie vor Spielbeginn. Kommen Sie, trinken wir ein Glas. Was nehmen Sie?«

»Champagner.«

Leicht spöttischer Blick von Léonard. »Ober, einen Champagner und einen Pastis.«

Der Champagner ist exzellent und wunderbarerweise kühl. Eine eher positive Überraschung. Einige der Gäste bewegen sich in Richtung Tribüne. Die Türen sind jetzt offen. Lärm flutet den Raum.

»Die Kurven und die Nordtribüne sind schon voll«, sagt Léonard. »Sind Sie Fußballfan?«

»Überhaupt nicht. Ich habe lange Rugby gespielt. Ich muss gestehen, dass ich mir zum ersten Mal ein Fußballspiel anschaue.«

»Sie werden sehen, es ist großartig.« Er ist richtig glücklich mit seiner Gastgeberrolle. »Kommen Sie, ich stelle Ihnen Cerquilini vor, meinen Nachfolger im Kommissariat von Lisle-sur-Seine.«

Ein junger Mann, schlank, charmant, glatt zurückgestrichenes schwarzes Haar. Mehr Gigolo als Bulle, denkt Daquin.

Léonard nimmt sie beide am Arm und schiebt sie in Richtung Tribüne. Es wird Zeit. Als sie zwischen den Sitzreihen herauskommen, haut das Schauspiel Daquin förmlich um. Das Stadion ist brechend voll. Auf dem Rasen haben sich zu beiden Seiten des Spielfelds, jeweils in Tornähe, zwei etwa vierzig Mann starke Gruppen in einer Reihe aufgestellt. Sie haben sich große, bis zu den Füßen reichende Metallkanister umgehängt und schlagen rhythmisch mit Axtstielen darauf. Nordtribüne und Kurven sind von einer bunt gemischten Menge bevölkert, in der völlig ungeordnet die Vereinsfarben Orange und Grün dominieren. An einzelnen Stellen hängen riesige hochformatige Transparente mit Porträts wilder Krieger, gemalt im aggressiven Stil gewisser Sprayer – flächige, kontrastierende Farben, überzeichnete, schwarz konturierte Gesichtszüge. Atemberaubend.

»Unsere glorreichen Kämpfer«, sagt Léonard, »das Werk unbekannter Fans.«

Es gibt auch ein querformatiges Porträt des Torwarts, ein rothaariger, schnauzbärtiger Gigant, der hinter seinen riesigen, auf den Handflächen mit brüllenden Tigern verzierten Handschuhen emportaucht. Zwei extrem große Videotafeln zeigen fortlaufend Kamerabilder. Mal die Kanistertrommler, mal in den Sitzreihen tanzende Zuschauergruppen, mal die Großaufnahme eines Transparents. Menschen springen gruppenweise reihum von ihren Sitzen, brüllen Unverständliches, schlagen den Takt auf allem, was ihnen unter die Hände kommt.

Daquin wendet sich Léonard zu. »Hut ab. Ein Wahnsinnsspektakel, ein Wahnsinnspublikum.«

Léonard frohlockt. »Das ist Reynauds Obsession, seit er Vereinspräsident ist. Ein Publikum aus den Vorstädten anlocken, aus dem echten Volk. Er hat es verstanden, eine Show aufzuziehen, die ankommt.« Er zeigt zur Nordkurve. »Und nach Heimsiegen geht der Präsident mit den Spielern zum Fanblock, um ihn zu grüßen.«

In dem Moment machen sich die beiden Trommlerreihen auf den Weg zur Spielfeldmitte. Stampfender, schwerer, breitbeiniger Gang, Lärmgefecht, das mit zunehmender Annäherung immer kriegerischer wird. Die Kameras sind nur noch auf sie gerichtet.

»Das ist aber nicht alles«, fährt Léonard fort. »An Spielabenden bieten wir einen kostenlosen Shuttleservice an, wir pflegen Kontakte zu allen kleinen Vereinen hier in der Gegend, machen ein Training pro Woche bei ihnen vor Ort, und unsere Spieler übernehmen Patenschaften für Schul- und Stadtteilturniere, wo die Kinder Freikarten für die Spiele des FC Lisle gewinnen können. Ich selbst kümmere mich praktisch rund um die Uhr um die B- und D-Jugend.«

Daquin beugt sich lächelnd zu ihm hin. »Alte Bullen geben doch die besten Streetworker ab.«

»Genau. Aber um unsere Zuschauer zu halten, müssen wir vor allem gewinnen. Und Reynaud tut, was dafür erforderlich ist. Mit ihm sind wir binnen acht Jahren von der Amateurliga in die erste Liga aufgestiegen. Und nächstes Jahr sind wir auf jeden Fall europäisch. Sie werden's erleben … die Sponsoren werden sich um uns reißen. Plattenfirmen, die großen Handelsketten, Modelabel … Dieses Publikum ist ihre Kundschaft.«

Sie setzen sich zu dritt nebeneinander.

Die im Mittelkreis versammelten Kanistertrommler sind wie entfesselt. Die zunächst widerstreitenden

Rhythmen antworten einander, werden dann eins. Das ganze Stadion bebt im gleichen Takt.

»Was treibt Reynaud an?«

»Er ist wie ich, er liebt den Fußball. Sie können sich nicht vorstellen, wie es ist, das Spiel Ihrer Mannschaft von der Trainerbank aus zu erleben. So intensive Momente gibt's nicht viele im Leben. Intensiver, als wenn man selbst spielt, denke ich. Da bin ich mir sogar sicher.« Léonard neigt sich zu Daquin, legt ihm die Hand auf den Arm und sagt in vertraulichem Ton: »Glauben Sie mir, alter Freund, ein großes Spiel ist wie ein neunzigminütiger Orgasmus ...«

Daquin blickt zweifelnd. Dann: »Sagen Sie, kannten Sie Nadine Speck?«

»Mehr oder weniger. Ich arbeite viel mit ihrem Bruder zusammen, bin ihr also recht oft begegnet.«

»Was war sie für ein Mädchen?

»Ein bisschen verloren, ziemlich farblos.«

In den Kabinen mit ihrem Dunst aus Kampfer und Angst kehrt wenige Minuten vor Spielbeginn Stille ein. Den Blick nach innen gerichtet, sitzen die Männer auf den Bänken und sammeln sich. Urplötzlich stürmt Reynaud mit finsterer Miene herein, packt Trainer Jaubert am Arm, zieht ihn hinaus auf den Gang und schließt die Tür.

»Sikorsky darf heute Abend nicht im Kasten stehen. Nehmen Sie den Ersatzmann.«

»Unmöglich. Er steht nicht auf der Meldeliste. Muss

sich eine Lebensmittelvergiftung oder eine Erkältung eingefangen haben, er kotzt sich förmlich die Seele aus dem Leib. Er kann nicht mal von der Tribüne aus zusehen.«

Sie kehren in die Kabine zurück. Reynaud lehnt sich an die Tür. Und spricht, während er die Spieler einen nach dem anderen ansieht: »Bourgeron steht kurz vor der Relegation. Sie haben viel zu verlieren und werden mit allen Mitteln kämpfen. Sie sind aber auch die schwächste Mannschaft, auf die wir in den letzten drei Spieltagen der Meisterschaft treffen. Da uns ein einziger Sieg zum Titelgewinn reicht, müssen wir ihn heute Abend holen. Macht euren Job. Hier ist nur Platz für Kämpfer und Sieger.«

Die Männer stehen auf. Stollen klacken auf dem Boden. Rituale und Talismane. Die einen inhalieren Salbutamol, um sich zu beruhigen, andere bekreuzigen sich, ziehen ihre Stutzen hoch, berühren eine Medaille … dann das Eintauchen in den engen dunklen Gang, kein Blick für die an die Wand gedrückten mehr oder minder offiziellen Statisten, bevor sie auf dem Stadionrasen wieder emporsteigen, in den Lärm, das Licht, das Spiel, die Angst.

Angespannt und bleich geht Reynaud zu seinem Platz in der ersten Reihe der Ehrentribüne, drückt seine Zigarette aus, winkt ein paar Leuten, ohne lockerer zu werden, und setzt sich. Danjou, auf dem Platz hinter ihm, hat ihn fest im Blick. Daquin sieht sich erneut suchend um. Der Unbekannte ist immer noch nicht da. Ganz oben die

Pressetribüne, wo sich Sam befinden muss. Sam, heute Abend, nachher.

Sam blickt von oben auf die beiden Mannschaften, die sich jeden Moment in Bewegung setzen werden. Bourgerons Keeper hat dem Spielfeld den Rücken zugewandt, fasst an den linken Torpfosten und spricht zu ihm. Dann Anstoß Lisle-sur-Seine. Der Ball wird gemütlich zum eigenen Torhüter gepasst. Sikorsky ist abergläubisch, ein Ballkontakt in der ersten Spielminute gibt ihm Sicherheit. Jetzt kommt die Maschinerie von Lisle-sur-Seine auf Touren. Die Mannschaft will gleich zu Beginn alles klarmachen. Sehr druckvolles Spiel, im Mittelfeld verteilen Jacky Patin und Harold Winter die Bälle abgeklärt auf die Flügel, und rasch verlagert sich das Geschehen in Richtung gegnerisches Tor. Bourgerons Abwehr, etwas ungeordnet, aber kompakt, kann sämtliche Flankversuche blocken. Nach rund zehn wenig aufregenden Minuten verlädt Rebellin auf dem rechten Flügel einen Spieler, dann noch einen, glänzender Pass zu Hernandez, der aus sehr spitzem Winkel mit rechts unkontrolliert volley abzieht. Ein Mordsschuss an den kurzen Pfosten. Instinktiv draufgehalten, großartig. Allerdings hätte Hernandez weniger egoistisch spielen und sich kurz umschauen können. Links von ihm stand Benmaklouf frei vor dem Tor.

Langer, aber ungenauer Abstoß. Rambert, der Lisler Abwehr-Rambo, eindrucksvoll wie eh und je, holt sich den Ball, spielt ihn zurück zu Mittelfeldspieler Winter, wunderbar geschmeidiges Dribbling, Pass zu Benmaklouf, der für Figueroa auflegt, Bourgerons Abwehr ist konfus,

Figueroa links im Strafraum – die Zuschauer springen auf – und Bourgerons überforderter letzter Verteidiger wirft sich Kopf voran Figueroa zwischen die Beine und faustet den Ball weg. Strafstoß! Nein. Der Linienrichter hebt die Fahne nicht. Schiedsrichter Laurent, ziemlich weit ab vom Geschehen, pfeift nicht. »Arschloch!«-Rufe aus den Kurven. Die Journalisten auf der Pressetribüne wechseln Blicke. Die Partie geht weiter.

Beim Stand von 0:0 pfeift der Schiedsrichter die erste Halbzeit ab. Auf der Pressetribüne reden sofort alle durcheinander. Dieses Ergebnis wird dem Spielverlauf nicht gerecht. Der FC Lisle hat klar dominiert, sein Keeper Sikorsky musste nicht ein Mal eingreifen, und die Lisler Stürmer haben ein paar herrliche Torschüsse abgegeben, sie agieren allerdings etwas hektisch, und so ist der Kasten von Bourgeron bislang verschont geblieben. Der Schiri ist schwach … Nun gut, im zweiten Durchgang sollten wir eigentlich Tore sehen.

Auf der Ehrentribüne bleibt Reynaud an seinem Platz. Er lässt die Fingerknöchel knacken und scheint sich mit seinen beiden Sitznachbarn zu unterhalten. Er steckt sich eine Zigarette an, nimmt einen tiefen Zug, atmet den Rauch langsam aus.

Léonard steht auf, geht von einem zum anderen, grüßt, schüttelt Hände, scherzt, tauscht Kommentare über Spiel und Spieler aus. Ganz die perfekte Gastgeberin. Alle Gespräche drehen sich jetzt um die Höhepunkte des Spiels. »Das war Elfmeter. Wenn's dafür keinen Elfer gibt, wann denn dann … Hernandez hat einen angeborenen Torinstinkt. Aber er spielt Straßenfußball. Kein bisschen mannschaftsdienlich …« Zwischen sachkundigen Fans verblassen die sozialen Unterschiede, und neue Bekanntschaften bahnen sich an.

Daquin reckt sich, lässt den Blick schweifen, nichts Neues.

»Haben *Sie* Speck vom Tod seiner Schwester benachrichtigt?«, fragt er Cerquilini.

»Ja.«

»Warum haben Sie ihm gesagt, sie sei zufällig in eine Schießerei geraten?«

»Reynaud wollte, dass er geschont wird, solange es keine gesicherten Erkenntnisse gibt.«

»Sie haben Reynaud vor Speck informiert?«

Cerquilini zögert kaum merklich, lächelt dann. »Am Bürgermeister führt in Lisle-sur-Seine absolut kein Weg vorbei.«

Sam nutzt die Halbzeitpause, um den ersten Teil seines Artikels zu überarbeiten, dann geht die Partie weiter. Zerfahren zunächst. Hartes Einsteigen auf beiden Seiten. Körperbetonter Einsatz, wie es in solchen Fällen heißt. Ein paar besonders brutale Aktionen, die der Schiedsrichter ausgewogen ahndet.

»Die Spieler haben in den Kabinen aufgetankt«, feixt Sams Sitznachbar, »und jetzt wollen sie es wissen. Hab ich dir das nicht erzählt? Nach dem Spiel zwischen Lisle und Combroux vor zwei Wochen geh ich runter in die

Kabine von Combroux, ich seh eine halbvolle Flasche Wasser auf dem Tisch, greif sie mir und nehme einen ordentlichen Schluck. Ich hab drei Tage kein Auge zugetan.«

Dann kommt wieder Ordnung ins Spiel, das mit hohem Tempo in Richtung Bourgeron-Tor läuft. In der 52. Minute überläuft Rebellin auf dem linken Flügel seinen Gegenspieler, flankt, Figueroa fälscht ab, der Torwart verliert kurz den Überblick, und Benmaklouf lupft den Ball mit dem Innenrist ins Tor.

Kurven und Nordtribüne springen unter unsagbar schrillem Jubel auf. Die Spieler von Lisle-sur-Seine stürzen aufeinander zu, packen sich, umarmen sich, werfen sich übereinander. Die Finger zum Victory-Zeichen gespreizt, recken einige dem grölenden Fanblock die Arme entgegen. Ein Treffer, das ist proklamierte, anerkannte, kollektive Männlichkeit. Die Angst ist vorerst gebannt. Die Trommler haben wieder zu ihren Axtstielen gegriffen, schlagen in frenetischem Rhythmus auf ihre Metallkanister, und ganze Zuschauerreihen tanzen dazu. Hier und da explodieren Böller, Rauchbomben landen am Spielfeldrand. In diesem Moment ist der FC Lisle-sur-Seine französischer Meister.

»Nie irgendwelche Krawalle?«, fragt Daquin.

Cerquilini lächelt. »Die Polizei hält sich im Hintergrund bereit. Und der Verein setzt Hunderte halbehrenamtliche Helfer ein, die in den Kurven und auf der Nordtribüne unterwegs sind. Es hat etwas von einem Pulverfass, aber es hat noch nie geknallt.«

Während die Rauchbomben weggeräumt werden, feilt Sam an seiner Schilderung von Benmakloufs Treffer. Die richtige Formulierung finden, die die Spielübersicht der Passgeber und die harmonische Bewegung des Torschützen beschreibt, die Cleverness in diesem raffinierten Lupfer erfasst, die Verzückung beim Anblick des im Netz zappelnden Balls erlebbar macht und diesem Moment reinen Glücks Ewigkeit verleiht. Nicht einfach, aber beflügelnd.

Die Partie geht weiter. René Rousseau, der immer ziemlich hoch auf der rechten Außenbahn spielt, wird gegen einen reinen Verteidiger ausgewechselt, der erstmals bei einem Meisterschaftsspiel zum Einsatz kommt. Das Team des FC Lisle wirkt wie verwandelt. Statt ihren Vorteil zu nutzen und den Gegner wegzuputzen, was sie aufgrund ihrer Offensivüberlegenheit könnten, sehen sie sich schon als Meister, mauern und verlassen sich auf ihre beiden Betonmischer Rambert und Koladinow.

Taktischer Fehler, denkt Sam, der kurz aufsteht, um zu sehen, was sich unterhalb der Tribüne auf der Trainerbank tut. Es tut sich nichts. Der Trainer lässt spielen und rührt sich nicht. Mit einer Lisler Abwehr, die nichts zulässt, und einem reichlich konfusen Bourgeronner Sturm, dem es praktisch nicht gelingt, Sikorsky in seinem Gehäuse gefährlich zu werden, wird die Partie schnell langweilig. Und auf der Nordtribüne kommt Unmut auf. Die wollen ein richtiges Spiel sehen. Die Schlussviertelstunde läuft. Die Lisler Verteidigung rückt auf, um einen etwas halbherzigen Angriff von Rebellin zu unterstützen, ein gegnerischer Verteidiger kommt an den Ball, passt auf seinen Mittelstürmer ... im Abseits ... die Lisler Verteidiger heben den Arm ... der Linienrichter nicht ... weiterspielen, zeigt Schiedsrichter Laurent an, schon taucht Bourgerons Stürmer allein vor Sikorsky auf, strammer Schuss aus vollem Lauf, Sikorsky streckt sich einen Sekundenbruchteil zu spät, und der Ball ist im Tor. Für den FC heißt das zurück auf Los. Die Zuschauer sind wie betäubt. Die Presse wird später schreiben: Bourgeron: eine Torchance, ein Treffer – das ist Fußball.

Einwurf. Nach ein paar schlampigen Zuspielen auf beiden Seiten erkämpft sich Figueroa, die Lisler Nummer 10, die Kugel. Den Ball am Fuß blickt er hoch, sieht, dass Hernandez sich auf seine rechte Seite geschoben hat und den Ball fordert ... und wird von hinten hart umgegrätscht. Erneut Ballbesitz für Bourgeron, gellende Pfiffe von den Rängen, der Schiedsrichter lässt weiterlaufen. Gedränge im Strafraum, verdeckter Schuss, und der Ball rollt dem Torwart zwischen den Beinen durch. Sikorsky ist nicht in Form. Hatte schon bessere Tage. 2:1 für Bourgeron.

Die Nordtribüne tobt vor Wut, beschimpft lautstark den Schiedsrichter und unterstreicht ihr Geschrei mit eindeutigen Gesten. Bierdosen und eine Unmenge Böller fliegen über die Absperrung. Cerquilini erhebt sich diskret und begibt sich zu seinen Truppen.

In den letzten Minuten versuchen die Spieler von Lisle-sur-Seine, noch mal richtig Gas zu geben, aber sie sind nervös, Bourgeron hingegen ist energiegeladen und wie entfesselt. Rambert grätscht Mittelstürmer Jacquot im vollen Lauf den Ball weg, grenzwertig, mehr nicht. Aber natürlich bleibt es nicht ohne Wirkung, wenn man von diesem Schrank von eins fünfundachtzig, tiefschwarz, zerzauste Dreadlocks, attackiert wird. Als Rambert Jacquot hochhilft, verpasst ihm der, kaum auf den Beinen, einen brutalen Kopfstoß, der ihn ausknockt. Einen Moment lang droht eine allgemeine Schlägerei auszubrechen, die drei Unparteiischen eilen herbei, Schiedsrichter Laurent stellt die beiden unmittelbar betroffenen Spieler vom Platz. Es kehrt wieder halbwegs Ruhe ein. Und in einer explosiven Atmosphäre pfeift er die Partie ab, ohne die Unterbrechungen nachspielen zu lassen. Ein Spiel mit einem sehr bitteren Nachgeschmack, schreibt Sam.

Reynaud steht kreidebleich auf, dreht sich um, begegnet Daquins Blick, ohne ihn zu erkennen, winkt Léonard und sagt zu den Umstehenden: »Ein Spiel, an das ich mich mein Lebtag erinnern werde. Und aus dem ich die nötigen Lehren ziehen werde, verlassen Sie sich drauf.« Dann steigt er, flankiert von Danjou, zum Spielfeld hinunter, auf das jetzt Journalisten und Halboffizielle zustreben.

Die Tribünen leeren sich schleppend und in bedrücktem Schweigen. Auf dem Weg in die Kabinen ziehen die Spieler missmutig ihre Trikots aus. Heute Abend war es nichts mit dem Meistertitel. Daquin bleibt an seinem Platz stehen, hält wachsam Ausschau. Sam, tailliertes schwarzes Jackett über blau-weiß geringeltem T-Shirt, schwarze

Hose, läuft am Spielfeldrand entlang und unterhält sich mit allerlei Leuten. Daquin folgt ihm mit dem Blick. Genießt es, ihn dort gehen zu sehen, der ganze Körper in Bewegung, fließend und geschmeidig. Er war umwerfend letzte Nacht. Ich bin verliebt.

Begleitet von Danjou geht Reynaud auf Sam zu und nimmt ihn beiseite. Sie führen offenbar ein angeregtes Gespräch. Das sichtlich hitziger wird. Plötzlich verpasst Reynaud dem völlig überrumpelten Sam zwei Fausthiebe ins Gesicht, rechts-links, wie ein Profi. Danjou legt seine Hände auf Reynauds Schultern, der sich sofort wieder beruhigt, zieht ihn energisch und zügig in Richtung Kabinen. Sam sitzt mit gesenktem Kopf einsam auf der Ersatzbank und versucht mit einem Papiertaschentuch sein Nasenbluten zu stoppen. Dann kehrt Danjou, diesmal allein, eilig zu Sam zurück. Seiner Haltung nach zu urteilen, entschuldigt er sich bei ihm. Sam schüttelt zwei, drei Mal den Kopf, und der andere verschwindet wieder. Jetzt ist das Spielfeld menschenleer. Noch ein paar Minuten, dann geht Daquin zu Sam. Ein zuschwellendes Auge, starkes Nasenbluten, zwei Mordsgeraden von einem solchen Männlein.

»Ich bring dich nach Hause ...«

Keine Antwort. Sam hat sich offenbar eingeigelt. Die Blutung hat nachgelassen. Ohne einen Blick für Daquin steht er auf. »Ich wasche mich eben in den Kabinen.«

»Ich warte auf dem Parkplatz auf dich.«

Daquin fährt behutsam an. Sam, Hände und Gesicht wieder sauber, sein blau-weißes Ringelshirt und sein schwarzes Jackett blutbefleckt, ein sich lila verfärbendes Auge, geschwollene Nase, schweigt aggressiv.

»Was wollte Reynaud von dir?«

Sam sieht aus dem Fenster. Zwingt sich, ruhig zu sprechen. »Er hat mich um einen Artikel gebeten, in dem ich Stimmung mache für einen Transfer, den er nächste Woche verkünden muss. Um ihm zu helfen, die astronomischen Summen zu rechtfertigen, die er bekannt geben wird.« Ein Moment vergeht. »Ich habe mich geweigert.«

Daquin fährt eine Zeitlang schweigend. »Und was gibt ihm das Recht, dich um diesen Gefallen zu bitten?«

Regelrechter Ausraster. »Deine Bullenfragen kotzen mich an!«

Vor einer roten Ampel wird der Wagen langsamer.

»Fick dich doch selbst.« Sam stößt die Tür auf, steigt aus, kaum dass der Wagen steht, und knallt sie wieder zu.

Weit kommt er nicht, Daquin ist schon über ihm, presst ihn gegen die Beifahrertür und dreht ihm den Arm auf den Rücken. »Ich habe dich gern, Sam. Du glaubst doch nicht, dass ich dich irgendeinen Scheiß bauen lasse. Nicht jetzt.« Verstärkter Druck. Der Schmerz strahlt von der Schulter langsam ins Schulterblatt aus. »Ich stelle dir eine Frage, du antwortest oder du antwortest nicht, das steht dir frei, aber bitte keine hysterischen Anfälle.«

Der Schmerz reicht jetzt bis ins Kreuz. Ein Moment Schweigen.

»Lass mich los.«

Daquin lässt ihn los. Der Arm fällt hinab, hängt schlaff am Körper. Sam atmet tief durch und setzt sich ins Auto. Daquin rutscht hinters Steuer.

»Ich hatte vor dem Spiel keine Zeit mehr fürs Abendessen.« Daquin sieht ihn an. »Bei deiner Visage nehm ich dich zum Essen besser mit zu mir.«

Villa des Artistes, sie betreten das im Efeu verborgene Häuschen. Daquin macht Licht. Sam legt sich wortlos auf die schwarze Ledercouch, Daquin geht in die Küche. Kurzer Blick in den Kühlschrank, die Küchenschränke, er findet einen Rest Kalbsbraten, schneidet ihn sorgfältig in hauchdünne Scheiben, die er behutsam auf einer großen schwarzen Platte anrichtet. Sam scheint eingeschlafen zu sein. Eine schnell mit der Gabel aufgeschlagene Mayonnaise. Sams Stimme: »Stellst du mir deine Frage noch mal?«

Daquin blickt von der Arbeitsplatte auf. Sam liegt immer noch da, Augen geschlossen, Arme hinter dem Kopf verschränkt.

»Was gibt Reynaud das Recht, dich um einen Gefallen zu bitten?«

»1985, als ich noch bei Lisle-sur-Seine gespielt habe, wollte ich auf Sportjournalist umsatteln. Ich schrieb hier und da als Freier, vor allem für Lokalblätter, und meine Artikel waren nichts Besonderes. Eines Tages kommt Reynaud nach dem Training zu mir. Eine Reportage für mich. Zwar für die Rubrik Vermischtes, aber das sei ein gutes Sprungbrett für *Sports Infos*, zu dem er gute Beziehungen habe. Ich lasse mich darauf ein. Am nächsten Tag stehe ich zur vereinbarten Zeit mit dem Fotoapparat vor einem Billighotel Marke Formule 1, wo ich einen etwa siebzigjährigen Typ rauskommen sehe, flankiert von zwei Polizisten, und neben ihnen ein blutjunges Mädchen. Ein Bulle flüstert mir, dass es sich um Sautereau handelt, den Bürgermeister von Lisle-sur-Seine, erwischt bei der Verführung einer Minderjährigen und sogar Schlimmerem …«

Zwei entsalzte Anchovifilets und der pürierte und mit der Mayonnaise vermischte Inhalt einer Dose Thunfisch.

»… Ich tu so, als fände ich das nicht fragwürdig. Ich nehme die Fotos, ich schreibe einen empörten Artikel, das Ganze erscheint in der Lokalpresse und wird auszugsweise von der überregionalen Presse aufgegriffen. In der Woche drauf stellt *Sports Infos* mich ein. Zwei Wochen später wählt der Stadtrat Reynaud zum Bürgermeister von Lisle-sur-Seine, anstelle des geilen alten Bocks, der trotz seiner Unschuldsbekundungen gehen musste. Die Sache war mir inzwischen nicht mehr ganz geheuer. Aber man findet immer einen Weg, sich zu rechtfertigen. Kein Erbarmen mit Kinderschändern, richtig? Schlimmer war es, als ich vom Selbstmord des Alten erfuhr, nach drei Monaten, in denen er unablässig lauthals seine Unschuld beteuert hatte, an die niemand glaubte. Und ständig hatte ich Reynaud am Hals, der einen Artikel über diesen und eine Klatschspalte über jenen von mir verlangte. Ich bin zum Arbeiten in die Staaten gegangen, um nicht länger sein Eigentum zu sein. Und ich habe nicht vor, ihm jetzt erneut zu Diensten zu sein.«

Rückblende: Léonard, wichtig ist, dass wir gewinnen. Und Reynaud tut, was dafür erforderlich ist. Sicher, all das steht in keinem erkennbaren Zusammenhang mit Romero, kann aber vielleicht von Nutzen sein, Druckmittel gegen Reynaud, man weiß nie.

Sam hat sich nicht bewegt, liegt immer noch mit geschlossenen Augen da. Das Gesicht verbeult, müde, bezähmt und anrührend. Daquin übergießt die Kalbsbratenscheiben, bestreut sie mit Kapern, wäscht sich die Hände, stellt die Platte auf den Küchentresen, setzt sich auf den Couchtisch aus Glas und Stahl, neben Sam, legt ihm die Hand auf den Oberschenkel.

»Gehen wir gleich hoch und vögeln oder essen wir erst?«

Im Duschwasserdunst riechen die Kabinen nach dem sauren Schweiß abendlicher Niederlagen. Anders als sonst hat sich Reynaud nicht bei den Spielern blicken lassen. Der Trainer hat Kommentare zum Spiel auf morgen verschoben. Die Spieler waschen sich, ziehen sich um, ohne miteinander zu reden, und gehen einer nach dem anderen, jeder für sich. Der Torwart trödelt unter der Dusche, trödelt in der Kabine, die er schließlich mit zwei Sporttaschen über der Schulter als Letzter verlässt. Er geht zu seinem Wagen, einem unauffälligen kleinen Flitzer: ein schwarzer Golf GTI, der ganz allein mitten auf dem Parkplatz steht. Er lächelt bei dem Gedanken, dass in einigen Tagen an dieser Stelle sein Traumporsche stehen wird. Vor ihm, beide Hände auf dem Wagendach, ein breitschultriger großer Kerl, der ihm entgegensieht. Hände wie Klodeckel, denkt der Torwart. Der könnte den Kasten auch ohne Handschuhe sauber halten.

»Es stört Sie doch nicht, wenn ich meinen Wagen nehme?«

Lächeln. »Keineswegs.«

Der Mann setzt sich in Bewegung, umrundet den Golf, packt den Torwart am Arm, nimmt ihm die beiden Sporttaschen ab, öffnet ihm die Tür und stößt ihn mit der Schulter auf den Fahrersitz. Dann geht er mit den Taschen in der Hand erneut um den Wagen herum und setzt sich auf die Beifahrerseite.

»Monsieur Reynaud weiß, was in diesen Taschen ist und wie du es verdient hast.« Der Torwart erbleicht. »Und das gefällt ihm nicht. Verstehst du das?« Der Torwart sagt nichts. »Also schlägt er dir einen Handel vor. Du kutschierst uns beide in aller Ruhe zu einem Lagerhaus, zu dem ich dich lotse. Ich verpasse dir eine Abreibung. Und Monsieur Reynaud vergisst das Ganze. Du nimmst deinen Platz in der Mannschaft wieder ein.« Lächeln. »Wenn du wieder spielen kannst, natürlich. Oder aber du willst deine Prügel nicht beziehen. Dann hängt Monsieur Reynaud die Sache an die große Glocke, informiert den Verband. Und du bist als Fußballer tot. Du hast die Wahl. In beiden Fällen nimmt Monsieur Reynaud die Taschen an sich. Du hast eine Minute, dich zu entscheiden.«

Ich bin vierundzwanzig. Das ist jung für einen Keeper. Das geile Gefühl, hochzuspringen, den Ball aus der Luft zu pflücken, ihn mit angelegten Armen an die Brust zu drücken, dazustehen wie ein Herrscher, inmitten der Spieler, und dazu die jubelnden Zuschauer. Darauf verzichten, auf die Kohle, die Mädchen, die Schlitten? Unmöglich. Nicht, wenn noch mindestens zehn Karrierejahre vor mir liegen. Er dreht den Zündschlüssel. »Wo geht's hin?«

Ein leerstehendes Lagerhaus am Seineufer, am Stadtrand von Lisle-sur-Seine. Morsches Holz, lose Bretter, rostiges Blechdach, Schlackeboden. Ein paar Meter entfernt hört man die Seine plätschern. Der Wagen bleibt mit laufendem Motor und eingeschalteten Scheinwerfern stehen.

»Lehn dich dort an, im Licht. Gut. Nimm die Hände hinter den Rücken und halt dich auf den Beinen. Wenn du umfällst, ehe ich fertig bin, helfe ich dir mit Tritten in die Visage wieder hoch. Kapiert?«

Unter seinen Fingern die halb verrotteten Bretter. Er krallt sich fest. Links im Dunkel, da ist jemand und atmet heftig. Ich weiß, wer das ist. Nicht hindrehen.

Der Mann beginnt mit kurzen, kräftigen Schlägen aufs Brustbein, um ihm die Luft abzuschnüren, dann prasseln Fausthiebe in sein Gesicht, um Spuren zu hinterlassen. Der Torwart schneidet sich an den rauen Brettern die Hände auf. Sein Kopf knallt gegen die Wand, Blut fließt, Lippen gerissen, Flugzeugmotor in den Ohren. Der Mann schlägt aus kurzer Distanz, ohne sich selbst in irgendeiner Weise zu schützen. Ein Knacken, ein Schrei, erstickt durch einen Schwall Blut, den er in einem Brechreiz auswürgt. Kein Gesicht mehr, nur noch Schmerz und panische Angst. Der Spanner räuspert sich.

Der Mann tritt einen Schritt zurück, zwei wuchtige Schläge auf die Leber. Es zerreißt den Körper bis zum Hirn, der Torwart wimmert, krümmt sich, lässt die Bretter los, taumelt nach vorn. Mit zwei Geraden aufs Brustbein tackert ihn der andere wieder an die Holzwand. Blutlache in den Augen, Sirene im Kopf, halb bewusstlos. Dann ein Kniestoß in die Eier, der Keeper jault auf, geht in die Knie, im Einknicken gibt der Mann ihm noch einen gewaltigen Schwinger auf die Schläfe mit. Der Torwart bricht ohnmächtig zusammen.

Dritter Tag

Samstag, 5. Mai 1990

An diesem frühen und ziemlich trüben Morgen ist Daquin zu Fuß von seinem Zuhause im 14. Arrondissement zum Quai des Orfèvres gekommen. Gegen sechs sind Montparnasse und der Boulevard Saint-Michel menschenleer. Es wird ein regnerischer Tag. Als er sein Büro betritt, schaltet er das Licht ein, heimelig und gelb, macht sich einen Espresso und lässt sich in seinen etwas abgewetzten, herrlich bequemen Ledersessel sinken.

Für Richter Bertrand muss Romeros dienstliche Beurteilung verfasst werden. Daquin schließt die Augen. Um ihm was mitzuteilen? Soll er ihm etwa von dem ganovenhaften Sonnyboy und schlitzohrigen Hallodri erzählen, der vor etwas mehr als zehn Jahren in seiner Dienststelle landete? Von dem Aufkeimen einer gewissen distanzierten Vertrautheit, genährt von Romeros Faszination für Daquin und Daquins Ergötzen an diesem lebendigen, verführerischen, erfinderischen, immer noch ganovenhaften und hoffnungslos banausischen Romero? Von dem stillschweigenden und wechselseitigen Vertrauen, das zwischen ihnen wuchs? Kalte Wut. Ausgeschlossen, dem Richter was auch immer zu erzählen.

Jemand läuft durch den Flur, klopft an die Tür.

»Herein.«

Lavorel. Er sieht sich um. Nach zwei Tagen zum ersten Mal wieder in diesem Büro. Die Wucht der Abwesenheit. Und schon Rückkehr zum Alltag.

»Kann ich Sie mal sprechen, Chef?«

»Schießen Sie los.«

»Ich war gestern Abend bei Yildiz, um ihr zu sagen, dass Romero tot ist. Sie erinnern sich an Yildiz? Romeros erste Frau.«

Ein ziemlich trostloses Büro in seiner damaligen Dienststelle, ganz hinten in der Passage du Désir, eine festgefahrene Ermittlung. Romero öffnet die Tür, tritt zur Seite, um eine junge Frau vorbeizulassen, üppiger roter Haarschopf, helle Haut, goldbraune Augen. Und ein grünes Leinenkleid. Hinreißend. Romero sagt: »Wir werden heiraten. Machen Sie den Trauzeugen für mich?« In diesem Moment ein für ihn seltener Anflug von Neid, den er nicht vergessen hat. Wenn er es recht überlegt, hat er Romero seit jenem Tag mit mehr Aufmerksamkeit betrachtet.

»Ich erinnere mich an Yildiz. Traf sich Romero noch mit ihr?«

»Ja. Ziemlich oft, hab ich den Eindruck. Sie haben nicht sehr lange zusammengelebt, aber ich glaube, sie hatten immer noch eine amouröse und komplizierte Beziehung. Keine sehr gesunde. Aber Romero liebte das.«

Und ich wusste nichts davon. Kannte ich Romero überhaupt?

»Jedenfalls rief sie gestern spätabends bei mir an. Sie will Sie sprechen und schlägt Ihnen vor, heute mit ihr zu Abend zu essen.«

»Sieh an. Wieso?«

Schroff: »Keine Ahnung.«

Daquin betrachtet Lavorel. Nicht erfreut darüber, dass Yildiz sich an mich wendet. Kann ich verstehen. »Machen wir uns an die Arbeit?«

Lavorel setzt sich und entnimmt seiner Jacketttasche ein Notizbuch und einen Kugelschreiber.

»1985 trat der Bürgermeister von Lisle-sur-Seine zurück, und für ihn wurde Reynaud gewählt, der damals Stadtrat war. Ich will alles darüber wissen, wie diese Amtsübernahme vonstattenging. Und zwar möglichst schnell.«

Lavorel legt seinen Kuli akkurat neben sein Notizbuch. »Chef, Sie schicken mich auf einen Nebenschauplatz? Sie denken, ich bin nicht in der Lage, meinen Job zu machen?«

Daquin lächelt. »Wir anderen werden den Tag damit zubringen, die Festnahme von Descloux vorzubereiten, der uns vielleicht die eine oder andere Kleinigkeit über unsere beiden Mörder liefern wird. Bei illegalen Autorennen heute Nacht. Das ist nicht die Sorte Arbeit, für die Sie sich erwärmen können.«

»Mit Sicherheit nicht. Eine filmreife und gefährliche

Aktion, um einen lausigen Automechaniker festzunehmen, den man auch direkt in seiner Werkstatt einkassieren kann …«

»Es soll eine In-flagranti-Festnahme sein, um ihm Angst einzujagen.«

»Es soll zugleich eine spektakuläre Aktion sein, um die Dienststelle ins Rampenlicht zu rücken. Erzählen Sie mir nicht, Chef, Sie hätten sich je gescheut, bei Bedarf ein In-flagranti-Delikt zu inszenieren.«

»Es ist nicht allein unsere Operation, aber ich stimme Ihnen zu, Sie können sich sinnvoller betätigen. Die Sachlage hat sich geändert. Gestern habe ich mir diese Geschichte mit dem Kokainring in La Défense aus den Fingern gesogen. Heute habe ich die Gewissheit, dass wir uns mit dem FC Lisle-sur-Seine auch weiterhin befassen werden. Die Familie Speck, der Auftraggeber mit der Dauerkarte für die Ehrentribüne, das kann kein bloßer Zufall sein. Wir werden uns folglich mit Reynaud anlegen, der alles tun wird, um sich uns vom Leib zu halten. Und Reynaud ist nicht irgendwer. Eingeführt in sämtliche Politikerkreise, die er über seine Bauunternehmen vermutlich mehr oder weniger finanziert, Bürgermeister der Rechten während der Kohabitation und während der Regierungsmehrheit des Präsidenten nach 1988, da hat er Zugang zu allen wichtigen Ministerien. Charismatischer Präsident des FC Lisle-sur-Seine und Hätschelkind der Medien. Kurz, eine gewichtige Persönlichkeit, der ich gestern begegnet bin – und der ich misstraue. Wie auch immer die Ermittlung sich entwickeln wird, wir brauchen einiges an Munition, und ich sehe außer Ihnen niemanden, der sie uns beschaffen kann, ohne den Direktor, den Richter, das Ministerium und alle Übrigen in Alarmbereitschaft zu versetzen.«

Lavorel greift wieder zu seinem Kuli, und Daquin geht zwei Espresso machen.

»Und sowie er kommt, schnappen Sie sich Le Dem. Er wird bei der Operation Descloux ebenfalls nicht gebraucht. Ich will, dass er sich mit Fotos von Nadine Speck in Levallois herumtreibt und herausfindet, was sie in diesem Kaff zu suchen hatte. Ihrem Bruder zufolge fuhr sie regelmäßig dahin. Vielleicht gibt es einen Grund, dass sie sich gerade dort mit Romero verabredet hat.«

Acht Uhr früh. Einsatzbesprechung in einem am Ende eines Flurs eigens dafür hergerichteten Raum im Drogendezernat. Es geht um die Feinabstimmung von Descloux' Festnahme bei der Veranstaltung illegaler Autorennen auf einem Parkplatz im Gewerbepark Garonor. Möglichst verbunden mit einem In-flagranti-Delikt betreffend illegale Wetten und Drogenhandel. In einer Menschenmenge von zwei- bis dreitausend Personen, von denen viele ziemlich durchgeknallt und einige bewaffnet sein werden. Und ohne allzu viel Schaden anzurichten. Ziemlich heikles Unterfangen.

Es sitzen viele Leute am Tisch. Auberger und Denoël von der Mordkommission, Männer vom Drogendezernat, die Kommissare der beiden an Garonor angrenzenden Gemeinden.

»Durchkämmungsaktion und In-flagranti-Festnahme

durch das Drogendezernat«, verkündet Daquin. »Wir kooperieren mit der örtlichen Polizei. Aber von einem Zusammenhang mit den Morden an Nadine Speck und Romero lassen wir vorerst nichts verlauten. Es ist auch so schon riskant genug, ich will nicht Richter Bertrand am Hals haben.«

Auf dem Tisch ausgebreitet eine große Karte von Garonor und Umgebung. Die Polizisten machen sich mit gezückten Notizbüchern an die Einsatzplanung: Zusammenstellung und Positionierung der Gruppen, taktische Bewegungen, zeitlicher Ablauf.

Dringender Anruf für Kommissar Daquin.

»Kommissariat von Lisle-sur-Seine. Man hat gerade die Leiche von Éric Speck gefunden, in seinem Haus. Er wurde regelrecht abgeschlachtet.«

»Lassen Sie niemanden rein, rühren Sie nichts an. Wir kommen.«

Romero ist seit siebenundvierzig Stunden tot.

Nieselregen über dem Stadion, das sich im Belagerungszustand befindet. Die Polizisten des Kommissariats von Lisle-sur-Seine riegeln alle Zufahrtswege ab und warten auf Anweisungen. Auf dem Parkplatz haben sich Trainer und Betreuer auf zwei Autos verteilt und besprechen sich bei heruntergelassenen Scheiben. Drei Schulbusse haben an die hundert aufgekratzte Kinder herangekarrt, die ihren Idolen beim Training zusehen wollen und jetzt kreuz und quer durch den Regen rennen und mit lautem Geschrei nach allem treten, was irgendwie an einen

Ball erinnert. Die Spieler haben sich hinter geschlossenen Scheiben missgelaunt in ihren Wagen verschanzt, außer Rebellin, der ausgestiegen und zu den Kindern gegangen ist. Ein Knirps streichelt mit verzücktem Blick den Ärmel seines Trainingsanzugs. Rebellin verteilt liebevolle Klapse, ein paar Rippenstöße, schnappt sich dann einen alten Ball, beginnt zu zaubern, Füße, Knie, Kopf, spielt einige Pässe. Die Kinder sind im siebten Himmel. Als Daquin eintrifft, ist er sofort von dem ziemlich aggressiven Trainerstab umringt. Das nach dem Spiel fällige Regenerationstraining dürfe nicht länger aufgeschoben werden. Sie erhalten die Erlaubnis, sich unter Aufsicht einiger Polizisten zu ihrem Trainingsgelände zu begeben, und werden in drei Stunden, vor Verlassen des Stadions, die Fragen der Inspektoren beantworten. Ja, das ist Pflicht, für alle. Rasches Erfassen der anwesenden Personen, nur Torwart Sikorsky fehlt. Die weiblichen Angestellten haben Anweisung, in den Büros zu bleiben, ab und zu sieht man hinter den Fenstern undeutliche Gesichter. Sie können warten.

Daquin und die Inspektoren begeben sich zum Wohnhaus der Specks. Ein modernes Haus, Keller, Parterre, ausgebautes Dachgeschoss. Zwei uniformierte Polizisten bewachen die Tür, bei ihnen ein großer Schwarzer in blauem Overall, der Putzmann, den das mit der Stadionreinigung beauftragte Subunternehmen für das Haus der Specks abgestellt hat. Er hat die Leiche heute früh gefunden.

Sie treten ein. Von der Diele gelangt man in ein großes Wohnzimmer mit drei Fenstertüren zu einer von roten

Rosen gesäumten Terrasse, dahinter liegt der Rasen des Trainingsgeländes. Trotz des trüben Wetters ist der Raum hell und ruhig. Moderne Einrichtung, ziemlich nullachtfünfzehn, aber nicht lieblos, keine erkennbare Unordnung. Eine Ecke des Raums ist dem riesigen Fernseher vorbehalten, ergänzt durch zwei Videorekorder und Regale mit ein paar hundert Videokassetten. In einem Sideboard eine Hi-Fi-Anlage und Hunderte CDs. Rundumblick. Nicht ein Buch. Und in der Zimmermitte, auf dem lackierten Parkett, Speck im blauen Nadelstreifenanzug eines leitenden Angestellten, auf dem Bauch hingestreckt, der Kopf in einer Lache aus getrocknetem Blut zu den Fenstertüren gedreht, von denen eine halb offen steht, der Nacken regelrecht weggesprengt, eine blutige, unförmige und erstarrte Masse.

»Wär doch denkbar, dass ein Herumtreiber ihn ungeplant getötet hat«, sagt Auberger ohne echte Überzeugung.

Daquin lakonisch: »Denkbar schon.« Dann, an die Polizisten von Lisle-sur-Seine gewandt: »Ist Reynaud noch nicht da?«

»Nein, Commissaire. Wir haben ihn nicht gesehen. Aber Richter Bertrand ist auf dem Weg.«

Daquin fasst Auberger am Arm. »Ich sehe mich im ersten Stock um, Sie nehmen sich solange das Wohnzimmer vor.«

Mit einer gewissen Ungeduld geht er nach oben. Endlich Nadine Specks Lebenswelt sehen. Auf dem Treppenabsatz rechts ein kaum möbliertes, offensichtlich unbewohntes Zimmer. Dann ein luxuriöses Bad. Whirlwanne,

Doppelwaschbecken, eine Wand komplett verspiegelt, die übrigen flaschengrün gefliest. Eine Sprossenwand aus hellem Holz und eine Ruheliege. Auf der Ablage über den Waschbecken zwei Zahnputzgläser, aber nur eine Zahnbürste. In die Wand eingelassen ein großer Toilettenschrank. Daquin nimmt ein Papiertaschentuch und öffnet ihn. Er ist so gut wie leer.

Auf dem Treppenabsatz links Specks Zimmer. Das Bett ist unbenutzt. Auch hier keine Bücher. Aber auch nichts, was nach Arbeit aussieht, weder Akten noch Computer. Rückblende auf Speck, wie er sagt: Ich bin morgens nie zu Hause. Ich arbeite im Büro oder auf dem Stadiongelände. Möglich.

Daquin betritt Nadines Zimmer, bleibt reglos stehen, atmet langsam. Den Geist dieses Ortes auf sich wirken lassen. Helle Farben, große, metallgerahmte Schiebefenster mit Blick auf die Terrasse und die Rasenanlagen, hinter einer Baumreihe in der Ferne die Seine, keine Vorhänge. Ein Empire-Bett, wie das gesamte Mobiliar aus heller Eiche, darauf ein weißer Baumwollüberwurf. In der Zimmermitte zwei mit einem großgeblümten blauen Stoff bezogene Crapaud-Sessel. Auf der einen Seite ein gut ausgestatteter Zeichentisch, an der Wand eine Sammlung von rund fünfzig Büchern über neueste zeitgenössische Kunst, auf dem Boden mehrere Zeichenmappen. Daquin öffnet eine, blättert darin. Tuschezeichnungen, aufgeplatzte, zerstückelte Körper, entstellte, verschwommene Gesichter, versteckt unter einem wirren Geflecht aus Arabesken und Phantasiepflanzen, signiert Diane Sex. Bedrückend, beklemmend in dieser ausgesprochen aseptischen Umgebung. Kurzer Blick in die Schränke, ein paar Prêt-à-porter-Labels, elegante, unaufdringliche Kleidung, etwa dreißig Paar Schuhe und auf zwei Einlegböden in einer Ecke Jeans, Trainingsanzüge, Sportkleidung. Auf der anderen Seite des Zimmers ein mit Cremes, Pudern, Parfums und Schminkutensilien beladener Frisiertisch. Keine Spur von den Drogen oder diversen Medikamenten, mit denen sie sich laut Gerichtsmediziner vollgestopft hat. Hinter die Spiegelränder geklemmt schließlich drei Fotos von Nadine und Éric Speck. Eins aufgenommen vor dem Eingang eines Sozialwohnungsblocks, Nadine ist sehr jung, zwölf oder dreizehn, das Haar zum Pferdeschwanz gebunden, und hinter ihr Éric mit den Händen auf ihren Schultern. Auf dem zweiten, Daquin beugt sich vor, sieht genau hin, könnte ich wetten, dass sie schwanger ist. Nicht so hohlwangig, der Körper ein wenig gerundet. Éric hat einen Arm um ihre Schultern gelegt, und sie sehen glücklich aus. Auf dem jüngsten sitzen Éric und Nadine in Trainingsanzügen in den Vereinsfarben nebeneinander auf den Stadionstufen und lächeln in die Kamera. Daquin nimmt die drei Fotos und steckt sie ein. Vom Parkplatz das Geräusch eines haltenden Wagens. Bestimmt Richter Bertrand. Letzter Blick ins Zimmer, schwer, es mit dem unscheinbaren kleinen Körper in der Leichenhalle in Einklang zu bringen. Daquin geht nach unten und dem Richter entgegen.

Richter Bertrand trägt über seinem Tweedjackett einen kurzen kittfarbenen Regenmantel, der seinem Erscheinungsbild nicht förderlich ist. Er steht vor Daquin,

Auberger und Denoël in der Diele, tritt von einem Fuß auf den anderen und wagt sich schließlich vor: »Der Mord an Speck hängt mit den beiden anderen zusammen.«

»Das ist wahrscheinlich. Bruder und Schwester, im Abstand von zwei Tagen … Noch wissen wir allerdings nicht viel, Herr Richter. Wir haben mit der Hausdurchsuchung auf Sie gewartet. Fest steht bislang nur, dass Speck hier ermordet wurde, in seinem Wohnzimmer, gestern zwischen einundzwanzig und dreiundzwanzig Uhr, durch einen sehr starken Schlag ins Genick, ausgeführt mit einer Waffe von der Art eines Baseballschlägers. Die Leiche ist noch hier«, Daquin zeigt zur Wohnzimmertür, »die Kriminaltechniker sind mit ihrer Arbeit noch nicht fertig, wollen Sie ihn sehen?«

»Warten Sie. Heute Morgen im Büro rief mich der Staatsanwalt an…«

Also deshalb haben wir Reynaud noch nicht zu Gesicht bekommen, denkt Daquin. Er hat sich gleich ans Ministerium gewandt. Er hat keine Zeit verloren. Wir auch nicht. Denkt an Lavorel, der just in diesem Moment …

»… Er teilte mir mit, dass Reynaud seine Anwälte eingeschaltet hat und uns mit Argusaugen beobachten wird, um seinen Verein vor den Auswirkungen der Ermittlungen so weit wie möglich zu schützen.« Ironisch: »Der FC Lisle-sur-Seine bringt die Banlieue zum Träumen, und die Träume der Banlieue sind unantastbar. Kurz, wir müssen uns streng an die Vorschriften halten. Und uns vorsehen …«

»Wir haben die Absicht, alle Vereinsangestellten zu vernehmen, Spieler inbegriffen. Wir müssen wissen, wie der gestrige Abend abgelaufen ist, wer Speck gesehen hat und in welcher Verfassung …«

»Ich wüsste nicht, wie wir sonst vorgehen sollten. Aber strikt im Rahmen der Mordermittlung.«

Die drei Polizisten sehen sich an. Denoël öffnet die Wohnzimmertür und tritt beiseite, um den Richter vorangehen zu lassen. Daquin hält Auberger zurück.

»Ich habe eine Nachricht aus der Präfektur erhalten. Man erwartet mich im Krankenhaus von Lisle-sur-Seine. Die Leitung der Hausdurchsuchung überlasse ich Ihnen. Im Bad wurde ein Schrank leergeräumt. Vielleicht kann Ihnen ja der Putzmann sagen, was drin war?«

Im Einkaufszentrum von Levallois klappert Le Dem die Läden ab und zeigt Fotos von Nadine Speck. Kein Zweifel, man kennt sie hier, sie war Stammkundin in den Boutiquen für hochpreisige Klamotten. In eher klassischem Stil. Sie kam etwa einmal im Monat – ob ganz regelmäßig, lässt sich nicht sagen. Das könnte man anhand ihrer Kreditkartenzahlungen herausfinden … Sie bummelte ziemlich lange durch die Passagen, fast ganze Vormittage oder Nachmittage, ging in mehrere Boutiquen, probierte Kleidungsstücke an, die sie nicht immer kaufte.

Ja, man kennt sie in der Apotheke, wo sie hauptsächlich Pflegeprodukte kaufte. Aspégic? Durchaus möglich. Aber genau erinnern, nein.

Nach ihren Einkäufen machte sie immer in der Brasserie Station und trank ein Gläschen, Whisky, vormittags wie nachmittags, bevor sie mit ihren Tüten und Taschen den Bus zurück nahm. Am Morgen ihrer Ermordung sahen zwei Kellnerinnen sie aus dem Bus steigen, allein. Sie begann die Straße in Richtung Brasserie zu überqueren, und auf halbem Weg wurde sie auf dem Grünstreifen von einem gutaussehenden dunkelhaarigen Typen angequatscht – der, von dem man hinterher erfuhr, dass er Bulle war. Sah es aus, als würden sie sich kennen? Die Frage überrascht. Ein paar Sekunden Nachdenken. Sie können sich ebenso gut zum ersten Mal begegnet sein. Er war es, der sie ansprach, aber keine Anzeichen von Vertrautheit, da ist man sich sicher. Gemeinsam überquerten sie dann die andere Fahrbahnhälfte.

Unterm Strich nichts Neues.

Daquin betritt die Eingangshalle des Krankenhauses von Lisle-sur-Seine. Sofort übermannt von Panik. Während seiner gesamten Kindheit der Anblick seiner mit Arzneien und Alkohol abgefüllten Mutter, ein schleichender Niedergang, ein medikamentengestützter Selbstmord. Seitdem eine unbewältigte Angst vor der Welt der Ärzte. Und sein alter Freund Lenglet, gestorben an Aids, im Krankenhaus, kein Jahr ist das her ... Sam, der in einer Ecke sitzend auf ihn gewartet hat, steht auf und kommt ihm entgegen.

Daquin ist überrascht, wie lädiert sein Gesicht in diesem grellen Licht aussieht. Hatte ich schon vergessen. »Ich habe gerade deine Nachricht erhalten. Worum geht's?«

»Interessierst du dich immer noch für Reynaud?«

»Ja. Unbedingt.«

»Ich möchte, dass du mitkommst und dir anhörst, was Sikorsky zu erzählen hat, der Torwart vom FC Lisle-sur-Seine.«

»Der, der heute früh nicht beim Training war?«

»Genau.«

Zimmer 306 ist klein, hell, großes Fenster mit freiem Ausblick, halbwegs freundlich trotz des sehr klinischen Mobiliars, Bett und Stuhl aus Metall, weiße Bettwäsche, an der Decke angebrachter schwenkbarer Fernseher und Infusionsständer. Starker Geruch nach Desinfektionsmitteln. Sikorsky liegt im Bett, den verbundenen Kopf durch Kissen fixiert, er trägt eine Augenklappe mit Kompressen, zwei Pflaster im Gesicht, und der Schnurrbart ist abrasiert. Natürlich nicht wiederzuerkennen. Daquin setzt sich wortlos ans Fußende des Betts und wartet.

»Ich bin heute Nacht verprügelt worden.« Die Stimme ist zugleich zaghaft und aggressiv.

»Das sehe ich. Das Kommissariat von Lisle-sur-Seine hat vor ein oder zwei Stunden veranlasst, dass Ihr Trainer benachrichtigt wird.«

»Ich bin von einem von Reynauds Handlangern verprügelt worden.«

Blick zu Sam, der keine Miene verzieht. »Ich höre.«

Sikorsky erzählt vom Verlassen der Kabinen, dem Muskelmann auf dem Parkplatz, der mit Geldscheinen gefüllten Sporttasche, dem Abstecher zum Lagerhaus, der Tracht Prügel im Scheinwerferlicht …

»Die ganze Zeit stand Reynaud hinter den Brettern. Ich habe ihn atmen gehört. Ich bin sicher, dass er es war.«

»Gegenüber den Polizisten, die heute früh bei Ihnen

waren, haben Sie ausgesagt, Sie seien von Jugendlichen aus einer der Vorstadtsiedlungen angegriffen worden. Warum jetzt Reynaud?«

»Heute früh sagten mir die Krankenschwestern, ich hätte eine eingedrückte Schläfe und einen gebrochenen Kiefer, aber keine irreparablen Schäden, und ich müsste mit ein paar Wochen rechnen. Ich dachte, ich würde wieder spielen, in Lisle-sur-Seine oder anderswo, also hab ich die Schnauze gehalten. Aber dann kam der Chirurg vorbei, der mich zusammengeflickt hat. Mein linkes Auge ist nicht zu retten. Ich bin auf einem Auge blind. Für mich war's das mit Fußball, und ich will, dass Reynaud bezahlt für das, was er mir angetan hat. Also hab ich Samuel angerufen, damit er in seiner Zeitung darüber berichtet. Jeder weiß, dass er sich gegen Reynaud wehren kann, und davon gibt's in Fußballerkreisen nicht viele.«

»Können Sie mir genau und in allen Einzelheiten schildern, was es mit dieser Sporttasche auf sich hat?«

»Beim Aufwärmen vor dem Spiel läuft mir Durand über den Weg, der Trainer von Bourgeron. Wir kennen uns gut, er arbeitete damals in dem Ausbildungszentrum, wo ich meine Laufbahn begonnen habe. Er sagt im Scherz: Ein hübsches Sümmchen für dich, wenn du die Bälle reinlässt. Du weißt, für uns geht's in diesem Spiel um den Abstieg in die zweite Liga, während ihr diese oder nächste Woche Meister seid.« Kurzes Zögern. »Und ich darauf: Wie hoch ist das hübsche Sümmchen denn?« Niedergeschlagen verstummt der Torwart.

»Und, wie hoch?«

»Dreihunderttausend Franc.«

Dreihunderttausend Franc für einen Ball im Kasten. Achtzigtausend Franc für den Mord an Romero. Daquin schließt die Augen, atmet mehrmals tief durch, um seine Wut zu zügeln, lässt einen Moment verstreichen. Sieht Reynaud vor sich, schon zu Spielbeginn bleich und angespannt. Natürlich, er wusste bereits Bescheid.

»Wie kann Reynaud davon erfahren haben?«

»Keine Ahnung.«

»Wer kann gehört haben, wie Sie beim Aufwärmen mit Durand geredet haben?«

»Niemand.«

»Was passierte dann?«

»Alle gehen wieder in ihre Kabinen, und die Physios kümmern sich um uns. Da kommt einer der Kabinenhelfer zu mir: ein Anruf für mich, auf dem Telefon im Gang. Es war Durand, der bloß sagte: ›Unser Gespräch eben war ernst gemeint. Wenn du die Bälle reinlässt, brauchst du nach dem Spiel bloß in deinen Spind zu schauen.‹ Ich denke nicht, dass Reynaud beim Telefonieren neben ihm stand. Ich selbst habe ohne zu antworten aufgelegt.«

»Wie spät war es da ungefähr?«

»Viertel vor acht, würde ich sagen.«

»Weiter.«

»Ich bin nicht sicher, dass ich die Bälle absichtlich durchgelassen habe. Ich habe einfach nur gezögert. Einen Sekundenbruchteil. Das genügt.« Schweigen. »Nach dem Spiel habe ich in der Kabine rumgetrödelt, bis ich ganz allein war. Ich bin zu meinem Spind gegangen. Und da waren zwei Sporttaschen. Eine mit meinem Zeug, die andere mit den Geldscheinen.«

Daquin blickt zu Sam, der immer noch keine Regung zeigt. »Wenn diese Geschichte in der Zeitung erscheint, werden Sie Ärger kriegen.«

»Da scheiß ich drauf. Ich bin auf einem Auge blind, ich wüsste nicht, was mir Schlimmeres passieren kann. Ich will, dass Reynaud bezahlt für das, was er mir angetan hat.«

Daquin geht mit Sam auf den Flur.

»Wenn du das in deiner Zeitung bringst, ist Sikorsky erledigt. Und Reynaud wird zum Robin Hood der nördlichen Banlieue.«

»Aber das wird richtig Wellen schlagen. Korruption und Gewalt im Fußball, eine schöne Story. Mal was anderes als Gerüchte über Spielertransfers oder die ewigen Debatten über das strategische Konzept dieses oder jenes Trainers. Natürlich nur, wenn mein Chefredakteur den Mut hat, die Geschichte zu bringen.«

Chamoux, den Chefredakteur von *Sports Infos*, kennt Daquin gut. Er war es sogar, der ihm Sam vorgestellt hat, vor ... mehr als fünf Jahren schon. Kurze Begegnung. Ein paar recht erquickliche Vögelsessions. Dann ging Sam für fünf Jahre in die Staaten. Engere Beziehung seit seiner Rückkehr vor vier Monaten. Blick in die blauen Augen und das lädierte Gesicht. Weiß er, dass ich verliebt bin?

»Chamoux wird sie bringen. Warum hast du mich herbestellt, Sam?«

»Ich dachte, es könnte dich interessieren. Tut es das nicht?«

»Doch. Sehr. Und?«

Engelsgleiches Lächeln. »Heute ist Samstag, mein Artikel erscheint bestenfalls Montag früh. Bis dahin möchte ich nicht, dass Sikorsky, wenn das Morphium nicht mehr wirkt, klar wird, dass er möglicherweise eine Dummheit begeht. Nachdem er vor einem Bullen ausgepackt hat, wird er zögern, seine Geschichte zurückzuziehen.«

Daquin betrachtet Sam aufmerksam. Er lehnt vor ihm an der Wand, ramponiert, erregt, dermaßen lebendig.

»Viel Glück.«

Vom Krankenhaus macht sich Daquin im anhaltenden Nieselregen zu Fuß zum nahegelegenen Stadtzentrum auf. Am Kreuzungspunkt dreier Fernverkehrsstraßen die Überreste eines Dorfs aus dem 19. Jahrhundert: der Cours Gambetta, mehrere hundert Meter einer prächtigen, breiten, von hundertjährigen Platanen gesäumten Avenue. An seinem einen Ende das Rathaus, ein großer Quadersteinbau im Stil der Dritten Republik, dahinter ein öffentlicher Park mit unter Linden stehenden Bänken, auf denen bestimmt Rentner in der Sonne sitzen, wenn sie denn scheint. Längs der Straße vornehme alte Häuser, kleine Geschäfte, und an ihrem anderen Ende die Kirche, ein Allerweltsbau. Südlich des Cours Gambetta ein ganzes Viertel mit überwucherten Kalksteinhäuschen, das bei diesem Regen in tiefem Schlaf zu liegen scheint. Im Norden ein vierzehnstöckiges Wohnhaus in Form einer Pyramide, Bürotürme wie in La

Défense, aber längst nicht deren Klasse, jenseits davon erahnt man ein Meer von Sozialbauten. Reynauds komplexes Königreich.

Das Kommissariat sitzt in einem zweistöckigen Stadtpalais gleich hinter dem Cours Gambetta in einer sehr belebten Einkaufsstraße, es ist Markttag. Daquin geht hinein. Das Revier ist geräumig und hell, Großraumbüros, Grünpflanzen, bequeme Sessel und an allen Arbeitsplätzen betriebsam surrende Computer. Durch die rückwärtigen Fenster sieht man einen weitläufigen Park, der zum Teil in einen Polizeiparkplatz umfunktioniert wurde, und in der Mitte einen Lieferwagen des Hoch- und Tiefbauunternehmens REYNAUD BÂTIMENT ET TRAVAUX PUBLICS. Daquin geht zum Tresen des Wachhabenden, stellt sich vor und fragt nach Cerquilini.

Dessen Büro liegt im zweiten Stock, vermutlich ein ehemaliges Schlafzimmer, mit zwei großen Fenstern zum Garten. Cerquilini steht auf, geht Daquin entgegen, drückt ihm die Hand, schiebt einen Sessel heran.

»Gute Arbeitsbedingungen …«

»Reynaud hat das Kommissariat hier untergebracht. Vorher waren wir im Hochparterre des Rathauses. Was kann ich für Sie tun, Commissaire, außer Ihnen unsere Räumlichkeiten zeigen?«

»Sikorsky, der Torwart des FC, wurde heute Nacht überfallen und verprügelt, und Ihre Männer haben ihn aufgelesen.«

»Stimmt.«

»Ich wüsste gern, wie das abgelaufen ist.«

»Die Männer von der Nachtschicht sind inzwischen

nach Hause gegangen. Ich habe den Vorfall heute früh dem Dienstjournal entnommen. Ein anonymer Anrufer hat kurz vor Mitternacht eine Prügelei gemeldet, an der Zufahrt zu den ehemaligen Lagerhallen der Brennstofffabrik Combustibles Réunis. Am äußersten Rand des Gemeindegebiets. Mit dem Hinweis, dass es Verletzte gebe. Der Mannschaftswagen des Überfallkommandos ist sofort hin. Sie fanden Sikorsky vor dem Tor eines stillgelegten Lagerhauses bewusstlos am Boden, in keinem guten Zustand. Um null Uhr vierundzwanzig wurde Sikorsky in die Notaufnahme eingeliefert und umgehend medizinisch versorgt, und heute früh um acht haben wir seine Aussage aufgenommen.«

»Aus der was hervorgeht?«

»Dass er von einer Bande Jugendlicher überfallen wurde, die ihm seine Sportsachen und seinen Wagen geklaut haben, den man meiner Meinung nach schnell in der näheren Umgebung wiederfinden wird. Aber wieso interessieren Sie sich für Sikorsky?«

»Ein brutaler Überfall am selben Abend wie der Mord an Speck, ich habe mich gefragt, ob da nicht ein Zusammenhang besteht ...«

»Ehrlich gesagt glaube ich das nicht. Für mich wurde er von Jugendlichen überfallen, die ihn gestern Abend schlecht fanden. Und recht haben sie. Er war grottenschlecht.«

Sicherheitshalber kurzer Abstecher zu den Lagerhallen von Combustibles Réunis. Obwohl ich kaum Zweifel habe.

Der Ort ist menschenleer. Auf dem Schlackeboden der Zufahrt lassen sich vielleicht die Spuren eines Wagens identifizieren, das wäre dann höchstwahrscheinlich Sikorskys. Nicht sehr aufschlussreich. Neben dem großen Tor eine Wand aus verfaulten Brettern. Eins davon halb herausgerissen. Daquin beugt sich vor: gut sichtbare tiefe Spuren der ins schwarz verfärbte Holz gekrallten Fingernägel. Schräg rechts ein Stück weiter vorn ein weiterer Lagerschuppen. Daquin findet den Eingang. Durch die lockeren Bretter ist der Platz vor dem Lager von Combustibles Réunis gut zu sehen. Auf dem Boden drei ausgetretene Kippen, Gauloises Bleues. Reynaud muss hier gewesen sein, etwas in Deckung.

Daquin kehrt zu Auberger und Denoël aufs Vereinsgelände zurück. Die Durchsuchung ist beendet. Nur ein paar Kriminaltechniker arbeiten noch im Haus der Specks, das weiterhin von Uniformierten bewacht wird. Zwei junge Polizisten befragen die Sekretärinnen in den Büros. Daquin geht daran vorbei und betritt die Fertigbauhalle auf dem Trainingsgelände. Eine Art großer Kraftraum ohne Fenster, bloß Oberlichter und Neonfunzeln, ausgestattet mit zahlreichen Geräten und speckigen Matten. Der Geruch nach abgestandener Luft, Schweiß und Apotheke beißt in der Nase. Sämtliche Spieler, Trainer und Betreuer sind da, sie sitzen in Grüppchen am

Boden oder auf den Geräten, einige unterhalten sich, andere spielen Karten. Ein Mann hockt abseits und hört Walkman. Schwer definierbare Stimmung aus Langeweile, Gereiztheit und Angst.

Rechts drei geschlossene kleine Räume, die als Massage- oder Behandlungszimmer dienen. Daquin geht in den ersten, zu Auberger. Der sitzt an einem Tisch, neben ihm ein junger Polizist, der Protokoll schreibt, und ihnen gegenüber auf dem dritten Stuhl ein ziemlich großer, kräftiger Mann, kurzes braunes Haar, ehrliches Allerweltsgesicht, der redet und redet, ohne sich um seine Zuhörer zu scheren. Daquin bleibt hinter den beiden Polizisten stehen. Blick auf die Notizen: Dalberto, Ersatztorwart.

»Hier habe ich sage und schreibe zwei Spiele gemacht, gleich nachdem ich unterzeichnet hatte. Dabei lief es sehr gut. Aber kurz nach mir nahm Reynaud Sikorsky unter Vertrag. Er hat ihm gesagt, er soll sich die Haare und den Schnauzer wachsen lassen, er hat sich das mit dem Tiger hinten auf seinem Trikot und auf den Handschuhen ausgedacht und die phosphoreszierenden Stutzen, er hat einen Look für ihn erfunden, damit er den Fans gefiel. Ich sehe nicht toll aus, ich bin bloß ein Fußballer, also verschimmle ich auf der Bank, der Trainer hat nichts zu melden …«

Wenn Reynaud eines Tages einfällt, ein weibliches Publikum anzulocken, wird er sie im String spielen lassen, denkt Daquin erheitert.

»… und niemand kümmert sich um meinen Transfer. Weder mein Agent noch Reynaud. Bei den Brasilianern oder Argentiniern läuft das anders, die bringen dem Verein ja auch mehr Geld.«

Auberger unterbricht Dalberto, dankt ihm für seine Mithilfe und entlässt ihn, wendet sich dann Daquin zu, der sich auf Dalbertos Stuhl gesetzt hat. »Soll ich Ihnen eine kurze Zusammenfassung geben?«

»Nur zu.«

»Beginnen wir mit dem Ablauf von Specks gestrigem Abend. Er ist seiner Arbeit nachgegangen wie an Spieltagen üblich, Überprüfung der Sicherheitsmaßnahmen, des Getränkeausschanks, das eine oder andere Gespräch. Bis zur Halbzeit. Alles ganz normal. Er trug Jeans und Lederjacke. Danach hat ihn niemand mehr gesehen, was ungewöhnlich ist, eigentlich blieb er immer bis Spielende. Er muss also gegen einundzwanzig Uhr dreißig nach Hause gegangen sein. Dort hat er sich umgezogen. Und er hat sich reisefertig gemacht. Seit Beginn der Telefonüberwachung hat er ein einziges Mal telefoniert, gestern am frühen Abend, um sich zu erkundigen, wann die letzten Flüge nach Nizza gehen.«

»Um wie viel Uhr?«

»Achtzehn Uhr fünfzehn. Weiter? Nur eine Zahnbürste im Bad, etwas Unordnung in den Schlafzimmerschränken, aber wir haben keine Koffer gefunden, und jemand hat seine Jacketttaschen durchsucht. Jetzt zum Mörder. Keine Spuren rund ums Haus, die Tür wurde nicht gewaltsam geöffnet. Wahrscheinlichster Ablauf: Er kommt mit dem Auto und stellt es auf dem Parkplatz für geladene Gäste ab, der nur bis einundzwanzig Uhr bewacht ist. Er geht auf dem Asphaltweg zu Specks Haus und dringt durch die unabgeschlossene Tür ein, als Speck sich gerade umzieht. Dann erschlägt er ihn. Die Tatwaffe haben wir nicht gefunden. Er durchsucht das Haus, nimmt den oder die Koffer mit und vielleicht auch den Inhalt des Badezimmerschranks. Aber das ist fraglich. Nach Aussage des Putzmanns war dieser Schrank voll mit Pharmazeutika. Er kann nicht sehr gut lesen, aber die Unmenge an Schachteln und Fläschchen hat ihn immer beeindruckt, in Farben wie in einer Apotheke, ein Bestand, der ständig erneuert wurde, und ein Schrank, der nie leer war. Die Labortechniker analysieren die Staubpartikel, um seinen Inhalt bestimmen zu können. Laut Putzmann wurde er wohl schon gestern Morgen geleert. Also nach dem Mord an Nadine. Wir wissen nicht, inwieweit er vertrauenswürdig ist ... Danach lädt der Mörder das ganze Zeug in seinen Wagen und verlässt den Parkplatz, bevor das Spiel um zweiundzwanzig Uhr fünfzehn endet. Das ist zeitlich vielleicht knapp, aber machbar. Es würde bedeuten, dass der Mörder die Örtlichkeiten und den Schrankinhalt sehr gut kannte ...«

»Und die Fingerabdrücke? Speck empfing doch offenbar niemanden bei sich zu Hause.«

»Da ist das Labor gerade dran. Eine Kleinigkeit noch: Auf einem Tisch in der Diele haben wir bei den Wagenschlüsseln eine Videokassette gefunden, ziemlich seltsam, Sie werden sehen, wir haben sie kopieren und zum Quai des Orfèvres in Ihr Büro bringen lassen. Wegen des Schranks, Nadine Specks Autopsie und den zwei Tütchen Aspégic-Kokain, die bei ihr gefunden wurden, halten wir in jedem Fall an der Hypothese von Drogen-

oder Dopingmittelhandel fest.« Daquin nickt. »Und wir haben ein kleines Szenario überlegt. Denoël ist Fußballfan, er verfolgt die Meisterschaft also sehr aufmerksam. Im Herbst wurde während eines Spiels von Lisle-sur-Seine eine unangemeldete Dopingkontrolle bei Rousseau angesetzt. Der Trainer nahm ihn sofort vom Platz. Als nach Spielende die Kontrolle stattfinden sollte, war er verschwunden, er war nach Hause gefahren. Es hat also keine Kontrolle gegeben, und später war nie mehr die Rede davon. Wenn es nach uns geht, würden wir die Kampfhandlungen gern mit Rousseau eröffnen.«

Daquin nickt erneut. Auberger wendet sich an den jungen Polizisten. »Geh und sag Denoël Bescheid, er soll sich den Konditionstrainer schnappen, wir knöpfen uns Rousseau vor. Ach, zwei Dinge noch. Wie von Ihnen erbeten, erstellen zwei Kollegen gerade mit den Sekretärinnen die Liste der Besitzer von Dauerkarten für die Ehrentribüne. Und die Liste aller Vereinsangestellten, Spieler inbegriffen.«

Rousseau tritt ein. Stellt sich zögernd vor den Tisch der Polizisten. Um die Augen hat er winzige Fältchen.

»Setzen Sie sich«, fordert Daquin ihn auf. Dann, mit interessierter Miene: »Sie spielen in der Verteidigung? Rechte Außenbahn?« Rousseau nickt. »Nach dem, was ich gestern sehen konnte, haben Sie die Aufgabe, die Bälle möglichst weit nach vorn zu bringen?«

»Stimmt.«

»Und wie alt sind Sie?«

Überrascht: »Zweiunddreißig.«

»Das ist alt für einen Fußballer. Zumal auf dieser Position …«

»Es geht. Ich stecke das weg, weil ich hart arbeite.«

»… und zumal gegen Spielende. Gestern hat der Trainer Sie gleich nach der Halbzeitpause rausgenommen …«

»Was genau wollen Sie?«

»Nichts Konkretes, bloß herausfinden, warum Sie sich dopen.«

»Moment mal … Was soll das hier werden?«

»Leugnen ist zwecklos, Rousseau. Wir wissen von der Dopingkontrolle letzten Herbst. Und Ihre Kumpels haben uns freundlicherweise verraten, dass Sie zu denen gehören, die das Zeug am dringendsten brauchen. Und dass Speck Ihr Lieferant war. Das hätten Sie wohl nicht von ihnen erwartet?«

Rousseau öffnet den Mund, bleibt stumm.

»Sie dachten, alle Spieler halten zusammen? Tja, leider nein. Überrascht?«

Rousseau macht den Mund wieder zu. »Also schön. Und ich bin nicht der Einzige.«

»Es wird aber noch unerfreulicher für Sie. Als Speck getötet wurde, waren Sie weder auf dem Spielfeld noch auf der Tribüne. Wo sind Sie gewesen?«

»Nach dem Verlassen des Spielfelds habe ich geduscht. Gegen Viertel vor neun. Ich habe einen Trainingsanzug angezogen. Und bin nach Hause gefahren. Ich weiß, das ist nicht üblich, aber ich war fix und fertig. Sie können den Trainer fragen.«

»Kann das jemand bezeugen?«

Er überlegt einen Moment. »Niemand. Als ich aufgebrochen bin, haben alle das Spiel verfolgt, der Parkplatz war leer. Das Haus, in dem ich wohne, hat einen Türcode. Und meine Frau war nicht da. Sie war bei ihren Eltern, wie immer bei Abendspielen.«

»Sie können Speck also durchaus getötet haben.«

»Aber warum hätte ich das tun sollen?«

»Weil er Sie mit irgendwelchen Dopingmitteln übers Ohr gehauen hat, oder Sie nicht länger beliefern wollte, oder weil Sie nicht mehr zahlen konnten, was weiß denn ich? Der übliche Zoff unter Junkies, der böse endet.«

»Das ist total hirnrissig. Ich bin kein Junkie. Nicht wie manch anderer.«

»Wer?«

Rousseau zögert, windet sich.

»Sie haben die Wahl. Entweder beantworten Sie unsere Fragen hier und jetzt, oder wir nehmen Sie mit zum Quai des Orfèvres und informieren die Presse, dass wir Sie zu Ihrer möglichen Verstrickung in den Mord an Speck befragen. Ihrer beruflichen Neuorientierung wird das nicht guttun. Vom Fußballprofi zum Kleinkriminellen, hat's alles schon gegeben. Also, wer kommt hier ohne Stoff nicht auf Betriebstemperatur?«

»Rebellin, Kokain. Für eine Schlagzeile reicht das aber nicht.«

»Woher bezieht er es?«

»Keine Ahnung. Wir haben nie darüber geredet, und ich will es auch nicht wissen.«

»Und Sie, wie verliefen Ihre Transaktionen mit Speck?«

»Ganz reibungslos. Erst habe ich mit dem Konditionstrainer gesprochen. Ich hab nie etwas genommen, ohne zuvor seine Meinung einzuholen. Dann habe ich die Sachen bei Speck bestellt. Er deponierte sie in meinem Spind, und ich hinterlegte dort die Kohle. Es lief immer alles glatt. Er nahm keine überhöhten Preise. Und so gut wie jeder nimmt das Zeug. Früher oder später.«

»Kennen Sie Specks Arzneimittelschrank?«

»Bei ihm zu Hause? Da bin ich nie gewesen.«

»Wer ist in jüngster Zeit mit Speck aneinandergeraten?«

»Keiner. Speck war sehr verschlossen, er machte seinen Job und redete mit niemandem.«

»Der Konditionstrainer, der Trainer?«

»Der Konditionstrainer sah ihn etwas öfter als wir. Hab nie davon gehört, dass sie sich gezofft hätten.«

»Und seine Schwester, Nadine Speck?«

»Hören Sie, ich bin nicht mal sicher, dass ich sie erkannt hätte, wenn ich ihr auf der Straße begegnet wäre. Sie verkehrte nicht in Fußballerkreisen.«

»Sonst haben Sie uns nichts zu sagen, was uns weiterhelfen könnte?«

»Nein, nichts.«

»Sie können gehen, wir werden Sie vorladen, wenn wir Sie brauchen sollten.« Als er draußen ist: »Ein paarmal haben wir gepunktet.«

Denoël dagegen ist ziemlich frustriert. Trainer und Konditionstrainer erzählen beide genau das Gleiche: Von Doping weiß ich nichts, bei uns herrscht Transparenz. Rousseaus geplatzte Kontrolle im Herbst? Der Trainer hatte die Nummer falsch gelesen. 9 statt 3. Irren ist menschlich.

Und der kleine Aushang im Behandlungsraum: ›Dienstag ist Spritzentag‹? Vitaminspritzen.

»Sie haben sich abgesprochen, bevor sie mit uns geredet haben. So viel steht fest. Ich habe lediglich Einsicht in die jüngsten Rechnungen für Pharmazeutika erhalten. Selbstverständlich alle legal. Geliefert von ProLabo in Belgien, verantwortlich zeichnet ein zum Labor gehöriger Arzt, der offenbar keinen einzigen Spieler je persönlich zu Gesicht bekommen hat. Speck holte die Mittel ab und brachte sie zum Verein.«

»Der Name dieses Labors tauchte vor mindestens fünf Jahren in einem Fall von Hormonhandel mit Rinderzüchtern auf. Es gab damals einen Toten. Einen ermordeten Veterinär.«

»Das könnte was sein. Für mich war Speck der höchst offizielle Lieferant von verbotenen Mitteln für den gesamten Verein, Konditionstrainer wie Spieler. Eine Verkürzung der Lieferkette und ein Garant für Verlässlichkeit und Qualität.«

»Ich bin weiterhin eher skeptisch, was den Zusammenhang zwischen diesen Geschäften und den Morden angeht. Der Handel mit Dopingmitteln ist sehr amateurhaft, wenig konzentriert und nicht besonders einträglich. Kein Vergleich zum Handel mit Substanzen für die Viehzucht.«

»Die beiden Armleuchter als Profikiller einzusetzen hat ebenfalls etwas Amateurhaftes.«

»Das stimmt. Wir müssen bei ProLabo weiterermitteln und unsere belgischen Kollegen darüber verständigen. Unser kleiner Richter wird das ganz prima machen. Was uns betrifft, dürfen wir nicht das Kokain vergessen, das uns möglicherweise eine Verbindung liefert zwischen dem Mord an Nadine und dem an ihrem Bruder.«

»Und die da?«, fragt Denoël und deutet auf die Sporthalle. »Was fangen wir jetzt mit denen an?«

»Vorerst machen wir den Laden dicht.«

Daquin tritt aus der Halle. Hunger, Müdigkeit, quälende Ungewissheiten. Reynauds Wagen steht auf dem Parkplatz. Danjou liest hinterm Steuer Zeitung. Reynaud tigert umher und steuert bei Daquins Anblick sofort auf ihn zu.

»Ich habe gerade mit Rousseau gesprochen, Commissaire. Können wir uns einen Moment unterhalten?«

»Kommen Sie mit in meinen Wagen … Was wollten Sie mir sagen, Monsieur Reynaud?«

»Ich war über Specks Aktivitäten und die Art seiner Beziehungen zu ProLabo vollkommen im Bilde. Es gibt keinen konkreten Beweis, der mich belasten könnte, aber hier unter uns stehe ich dazu. Gegenüber der Öffentlichkeit würde ich mir das zweimal überlegen. Obwohl … es wird viel geheuchelt bei diesem Thema. Jeder, der irgendwie mit Profisport zu tun hat, weiß Bescheid. Und dem Publikum ist es wurscht. Es will was geboten kriegen. Und es will Siege.« Seine Hand geht zur Jacketttasche. »Kann ich rauchen, oder stört Sie das?«

Daquin lässt ihn seine Schachtel rausholen, Gauloises Bleues, dann: »Das möchte ich lieber nicht.«

Erstaunter Blick. Während er die Schachtel zurücksteckt, fährt Reynaud fort: »Das ist der Punkt, über den ich mit Ihnen reden wollte, Commissaire. Über den Sieg. Meister werden, das sind wir dem Publikum von Lisle-sur-Seine schuldig. Sie haben dieses Publikum erlebt. Vorstadtkids, die unter den derzeitigen Umständen nicht oft Anlass zur Freude und zum Feiern haben …«

Daquin unterbricht ihn grinsend: »Kurz, was Sie mir da verkaufen wollen, ist die postmoderne Version von Sartres Schützt-die-Proletarier-Appell ›Man darf Billancourt nicht die Hoffnung rauben‹.«

Jetzt grinst auch Reynaud. »Wenn Sie so wollen. Wie lautet Ihre Antwort?«

»Ich ermittle in mehreren Mordfällen. Der Handel mit Dopingmitteln interessiert mich zum gegenwärtigen Zeitpunkt insoweit, als er mit den Ermittlungen möglicherweise zusammenhängt.«

»Dopingmittel sind nicht teuer, sie sind so ziemlich überall im Umlauf, auf schwer nachvollziehbaren Wegen. Ich erzähle Ihnen da nichts Neues, Commissaire. Wegen Anabolika oder Amphetaminen bringt man nicht drei Menschen um.«

»Nadine Speck konsumierte auch noch andere Sachen. Hat nicht Éric Speck sie damit versorgt?«

Betontes Zaudern. Er überzieht, denkt Daquin. »Ich weiß, Ihnen ist aufgefallen, dass Specks Arzneischrank leergeräumt wurde.«

Woher weiß er das? Der Putzmann? Die Polizisten aus Lisle-sur-Seine? Reynauds Informationsnetzwerk entgeht wirklich nichts, das muss ich einkalkulieren.

»Ich selbst habe Speck am Tag nach dem Mord an

Nadine darum gebeten, um den Verein zu schützen. Ich versichere Ihnen, dass keine harten Drogen dabei waren.«

»Ich muss Ihnen wohl glauben, Monsieur Reynaud.«

»Ich denke, das können Sie, Commissaire.«

»Ihr Ziel, der Titelgewinn, ist nicht unbedingt vereinbar mit meinem, die Mörder der Geschwister Speck zu verhaften.«

»Aber ja doch. Erst gewinne ich den Titel. Danach verhaften Sie die Mörder.«

Romero ist seit fünfundfünfzig Stunden tot.

Am Quai des Orfèvres parkt Daquin seinen Wagen und läuft dann an Notre-Dame vorbei zur Île Saint-Louis. Im Nieselregen graue Sinfonie aus Stein, Seine und unendlichem Himmel, beruhigend. Durchnässt und mit breiterer Brust geht Daquin hoch in sein Büro. Lavorel und Le Dem erwarten ihn bereits. Besprechung am Tisch. Lavorel sorgt für den Espresso. Und Le Dem kommt sofort zur Sache.

»Keinerlei Ergebnisse. Man kennt Nadine Speck. Sie erledigte ihre Kleiderkäufe in der Tat regelmäßig in dieser Ladenpassage. Mehr habe ich nicht herausgefunden. Ich habe die Listen der Vereinsangestellten überprüft. Viele Spieler wohnen in Levallois. Aber das besagt nicht viel. Sie sind vertraglich verpflichtet, ihren Wohnsitz in Lisle oder in nahegelegenen Vorstädten zu nehmen, und Levallois ist etwas schicker als Lisle.«

Lavorel trinkt seinen Espresso in winzigen Schlucken

und mit gesenktem Blick. Dann holt er ein paar zusammengefaltete Zettel aus der Innentasche seiner Windjacke und streicht sie sorgsam glatt.

»Sie bringen uns etwas mit«, sagt Daquin.

»Etwas ist zu viel gesagt, aber es kann ja noch werden. 1985, als die Geschichte beginnt, war ein gewisser Sautereau Bürgermeister von Lisle-sur-Seine, ein alter Kommunist und Widerstandskämpfer, der sein Amt seit über zwanzig Jahren innehatte und großes Ansehen genoss. Im Stadtrat waren die Kommunisten tief gespalten in Orthodoxe und Reformer, in Befürworter und Gegner der Linksunion. In einer Gemeinde, die einem starken wirtschaftlichen Wandel unterworfen war und wo sich die Kommunisten ohnehin auf dem absteigenden Ast befanden, war Sautereau als Einziger imstande, die linke Mehrheit zusammenzuhalten. Und vor diesem Hintergrund wird Sautereau, der nie in irgendeiner Weise als Sexualstraftäter auffällig geworden war, von den Lisler Bullen mit einer Dreizehnjährigen in einem Hotelzimmer aufgespürt. Das Kommissariat hat keine einzige Fallakte aufbewahrt …«

»Wer war der Kommissariatsleiter?«

»Léonard.« Daquin brummt etwas. »Kein Hinweis auf eine Klage der Familie des minderjährigen Mädchens, und nichts im Gerichtsarchiv. Dafür jede Menge in der Lokalpresse.« Lavorel sucht ein paar Blätter heraus und schiebt sie Daquin hin. »Ich habe Ihnen die Artikel kopiert.«

Daquin blättert sie durch, stößt auf Sams nur mit seinen Initialen gezeichneten Artikel, überfliegt ihn, heute schreibt er wahrhaftig besser. Und betrachtet das Foto. Hitzewallung. Ein verstörter alter Mann zwischen zwei Polizisten und ein junges Mädchen, eingefangen beim Verlassen eines Hotels, frontal, sehr schlechte Bildqualität. Schwarzer Balken über den Augen des Mädchens, Gebot des Minderjährigenschutzes. Aber das länglichovale Gesicht, aber der lippenlose schmale Mund, aber der Pferdeschwanz ... Daquin holt das Foto von Nadine und Éric vor dem Sozialwohnungsblock hervor, legt es neben den Zeitungsartikel. Kein Zweifel. Das Mädchen ist Nadine Speck.

Lavorel sieht Daquin an, atmet tief durch. Das Gefühl, wirklich an etwas dran zu sein. »Weiter?«

»Na klar.«

»Sautereau wurde also abgesetzt, seinen Unschuldsbeteuerungen zum Trotz. Die Kommunisten konnten sich nicht auf einen neuen Kandidaten einigen. Und Reynaud, der seit 1983 parteiloser Stadtrat und als Präsident des aufstrebenden Fußballclubs eine lokale Berühmtheit war, wurde von einer aus verschiedensten Kräften bestehenden Koalition zum mehr oder weniger apolitischen Übergangsbürgermeister ernannt. 1989 stieg der Verein in die erste Liga auf, und Reynaud war mächtig genug, um ganz allein eine Liste anzuführen, die man ›Diverse Rechte für Präsident Mitterrand‹ nennen könnte. Sein Wahlkampf bestand im Signieren von Fußbällen in den Hochhaussiedlungen, und er wurde mit überwältigender Mehrheit gewählt.«

»1985 ist auch das Jahr, in dem Speck nach Lisle-sur-Seine zog.«

»Nichts deutet darauf hin, dass Reynaud und Léonard direkt mit den Morden an den Specks zu tun haben.«

»Nein, natürlich nicht. Aber alle vier sind in eine ziemlich schmutzige Geschichte verwickelt. Und da Reynaud und Léonard behaupten, Nadine Speck kaum zu kennen, sind sie wohl nicht erpicht darauf, dass das rauskommt. Ein hervorragender Grund, um weiterzubohren, Lavorel, vor und nach '85. Und bleiben Sie an Léonard dran. Le Dem, nachdem Ihre Aufgabe in Levallois erledigt ist, habe ich etwas anderes für Sie.«

Daquin steht auf, macht drei Espresso, setzt sich wieder an den Tisch.

»Nadine Speck war aller Wahrscheinlichkeit nach allein, als sie Romero anrief. Trotzdem wusste jemand von dem Treffen. Gestern hat ein Spieler von den Clubkabinen aus telefoniert, und sein Gespräch wurde abgehört. Speck schließlich hat niemandem erzählt, dass er sich absetzen wollte, aber gestern am frühen Abend hat er telefoniert, um sich nach Flugzeiten zu erkundigen, und seine Ermordung könnte durchaus mit dieser undichten Stelle zusammenhängen. Ich denke, die Leitungen des Vereins und der Specks werden heimlich abgehört. Man müsste denjenigen finden, der die Telefonanlage installiert hat, und herauskriegen, ob daran herumgebastelt wurde. Wir könnten unsere Techniker darauf ansetzen, aber damit riskieren wir, den Lauscher zu warnen. Ich schlage vor, Sie und Lavorel sehen sich heute Nacht in den Vereinsbüros um und überprüfen, ob die Anlage kürzlich erneuert wurde und wenn ja, von welcher Firma.«

»Wäre es nicht einfacher, morgen zum Kommissariat von Lisle-sur-Seine zu gehen? Die haben bestimmt Unterlagen über das Sicherheitssystem des Vereins, die möglicherweise Details über die Telefonanlage hergeben. Wenn wir nicht fündig werden, können wir den Clubräumen morgen Abend immer noch einen Besuch abstatten.«

»Einverstanden. Sie kümmern sich darum. Jetzt wollen wir mal sehen, was auf der Kassette ist, die unsere Mitstreiter von der Mordkommission uns überlassen haben.«

In den Büros herrscht heute Abend reges Treiben, in Erwartung der Operation Descloux hat das komplette Dezernat mobil gemacht. Daquin, Le Dem und Lavorel suchen eine Weile nach einem Videorekorder, den sie in einem kleinen, gerade ungenutzten Raum schließlich finden. Auf der Kassettenhülle in dicken schwarzen Lettern: *TÉLÉMATON*. JUNI 1987. *Télématon*, Daquin erinnert sich genau an diese Sendung, auch wenn er sie fast nie angesehen hat. Namenlose Unbekannte schlossen sich in eine Kabine ein, setzten sich vor eine fest installierte Kamera, ohne Kameramann, redeten eine Minute lang und gingen wieder. Das Format hat seinerzeit für lebhafte Debatten gesorgt: Voyeurismus, Beschiss oder mediale Machtergreifung durch das Volk, bevor es dem Desinteresse und dem Überdruss anheimfiel. Lavorel legt die Kassette ein.

Auftritt Speck: amerikanische Einstellung, seine derbe, plumpe Gestalt noch betont durch die grelle Beleuchtung und den weißen Hintergrund, regungslos, solange der *Télématon*-Vorspann läuft. Dann beugt er sich leicht vor, starrer, eindringlicher Blick.

»Diane, hör mich an. Sieh mich an. Meine Liebe zu dir ist voller Angst, voller Leidenschaft, voller Schuldgefühl.« Er lehnt sich zurück, schließt einen Moment die Augen. »Heute weiß ich, dass du versuchst, mich zu vergessen. Aber das ist zwecklos. Du wirst mir niemals entkommen, du siehst ja, ich habe dich in deinem Krankenhausbett aufgespürt, so weit weg von daheim.« Wieder vorgebeugt, getragenes Sprechtempo, zwischen Hypnose und gutem Zureden. »Ich komme dich holen. Du wirst jetzt schlafen, und wenn du aufwachst, bin ich da, ich nehme dich in meine Arme, ich erlöse dich von deiner Verzweiflung, ich tröste dich, ich beschütze dich, wie ich es immer getan habe.« Kurzes Schweigen. »Es wird auf der Welt nur uns beide geben, wie früher.« In einer doppeldeutigen Geste streckt er die Hand der Kamera entgegen, ein Mittelding zwischen Liebkosung und Besitzergreifen. »Bis gleich, meine Schöne, ich komme.«

Ein großer Fernsehmoment.

»Wenn wir diese Frau finden …«

»Suchen Sie nicht. Diese Frau ist tot. Es ist seine Schwester Nadine.«

Es bedarf einer Rundumerneuerung, ehe er zum Abendessen mit Yildiz geht. Keine Zeit, in der Villa des Artistes vorbeizufahren. Daquin schließt sein Büro von innen ab, holt Spiegel und Rasierapparat aus einer Schublade und unterzieht sich im Sessel sitzend einer gründlichen Rasur.

Er hat den Hautkontakt mit dem Elektrorasierer nie gemocht, findet ihn zu lasch, zu ungenau, zu unpersönlich. Aber die Rasur ist ein unverzichtbares Reinigungsritual. Dann wechselt er das Hemd. Er hat immer ein paar zur Reserve im Büro. Er wählt ein eher gewöhnliches. Orange-gelb, Button-down-Kragen, vielleicht nicht gerade das, worauf er in diesem Moment Lust hat, aber das Gefühl der sauberen Wäsche auf seiner Haut erquickt ihn, und mit einer Wildlederjacke darüber ist es tragbar.

Daquin ist etwas zu früh dran und wartet jetzt in Éric Fréchons Restaurant auf Yildiz. Das Lokal kennt er gut, dunkles Holz, große Fenster, hell gestrichene Wände und gelbe Tischdecken, stets voll, gemütlich, quirlig. Er kommt immer mit dem gleichen Vergnügen hierher, aus lieber Gewohnheit, einem Schuss Neugier und der wohligen Lust, sich überraschen zu lassen. Er trinkt Champagner und genießt dazu hauchdünn geschnittenen spanischen Schinken. Schwierig, Reynaud aus seinen Gedanken zu verbannen. Ein phänomenaler Machthunger, ebenso groß wie seine Angst, ein unbändiger Drang zu verführen, und wenn er abblitzt, promptes Umschalten auf Gewalt. Ein tolles Gespür für zwischenmenschliche Kräfteverhältnisse und ihre Nutzbarmachung, aber distanzlos, humorlos, gesetzlos. Ohne Danjou wäre er längst hochgegangen … Rings um Daquin verstummen die Gespräche. Er blickt auf. Yildiz ist hereingekommen.

Üppiger Haarknoten, immer noch dieses tiefe, kupferglänzende Rot, das sahnig weiße glatte Gesicht, die goldbraunen Augen. Ein weißes Leinenkostüm über einer türkisblauen Seidenbluse. Kein Schmuck, eine schlichte altmodische Uhr aus Gold und Elfenbein, die sie am rechten Handgelenk trägt, und im Haar ein breiter Kamm aus ziseliertem blondem Schildpatt. So schön wie früher, aber edler. Was hatte Romero doch für ein Talent, dass er diese Frau gefunden hat. Daquin steht auf, geht ihr entgegen. Ihre weiße Hand verschwindet in seiner, er verbeugt sich, streift mit den Lippen ihr Handgelenk, ein frisches Parfum mit einer ganz leicht herben Note, rückt ihr den Stuhl zurecht. Die Gespräche um sie herum haben wieder eingesetzt.

Daquin bedeutet dem Kellner, Yildiz ein Glas Champagner zu bringen. Nicht vergessen: 1980, Zerschlagung eines türkischen Heroinrings in Paris, Yildiz arbeitet in der türkischen Botschaft, spielt ein doppeltes oder dreifaches Spiel, sagt Romero, der sie dann heiratet. Kantig, unbeteiligt, vorsichtig bleiben.

Yildiz beugt sich zu Daquin vor. »Roméo und ich sind nach der Scheidung Freunde geblieben.«

»Das hat Lavorel mir erzählt.«

»Wir waren beide nicht für die Ehe geschaffen.«

Der Kellner bringt die Vorspeise.

»Bei der Wahl Ihres Menüs habe ich mich auf meine Erinnerung verlassen«, sagt Daquin.

Spargelfrikassee und weich gekochte Eier, vielfältige feine Geschmacksnuancen, ohne großes Tamtam mit Pfeffer und Salz zur Geltung gebracht.

»Ich fühle mich geschmeichelt«, sagt sie lächelnd.

Er betrachtet sie. Die Farben ihres Essens passen so

gut zu ihrem Teint, Weiß, Creme, Zartgrün, mit kleinen grauen Akzenten. Für ihn eine Fleischpastete, der Kontrast zwischen der festen, frischen Schweinshaxe und der weicheren, cremigeren Entenleber. Mich meinem Essen zu widmen, ist ein Weg, Distanz zu halten.

»Warum wollten Sie mich treffen?«

»Lavorel hat Martinon erwähnt. Ich kenne ihn.«

Warum hat sie das nicht gleich Lavorel gesagt? Warum hat sie später noch mal angerufen? Und warum ich?

»Das interessiert mich.«

»Martinon war ein Freund von Roméo. Wir haben mehrmals zu dritt zu Abend gegessen.«

»Ein enger Freund?«

»Das würde ich nicht sagen. Sie hatten ein«, sie zögert, sucht das passende Wort, »perfides Verhältnis. Das ist vielleicht etwas übertrieben. Ich hab dich in der Hand, du hast mich in der Hand, und das gefällt mir.«

Rückblende: der Richter, besteht auch nur die geringste Möglichkeit, dass Ihr Inspektor sich mit Dealern eingelassen hat … Unmöglich, dem nicht nachzugehen, aber Yildiz außen vor lassen.

Der Kellner räumt ab, bringt das Hauptgericht. Gegrillte Rotbarbe mit Sardellenbutter für Yildiz. Wunderschön rosiges festes Fleisch auf einer Sardellenbutter, die keine Langeweile aufkommen lässt. Dazu Zucchiniblüten. Und einen Mâcon-Clessé.

»Eine Huldigung an Ihr Mare Mediterraneum, meine liebe Istanbulerin.«

»Ich weiß Ihr gutes Gedächtnis zu schätzen, Commissaire.«

Für Daquin Spießbraten vom Pyrenäenlamm. Schmackhaft, butterweich. Einfachheit und Perfektion. Und ein Nuits-Saint-Georges. Das ist das Mindeste. Schließt die Augen, seufzt. Fühlt sich unverwüstlich.

»Was können Sie mir sonst noch über Martinon sagen?«

»Seine Adresse, seine Telefonnummer, kaum mehr.«

»Warum haben Sie ihn gestern kontaktiert?«

Yildiz zögert. Mit dieser Frage hat sie nicht gerechnet. »Weil ich wissen wollte, ob er einverstanden ist, dass ich Ihnen seine Adresse gebe.«

»Und, ist er?«

»Ja.«

Was vielleicht heißt, dass er sie schickt. Daquin steht auf, geht zum Tresen, Anruf beim Wachhabenden im Drogendezernat. André Martinon. Sehen Sie zu, dass er sich morgen früh in meinem Büro einfindet.

Als er zum Tisch zurückkehrt, ist das Dessert serviert. Yildiz isst löffelspitzenweise ein Beeren-Millefeuille mit Rosmarin. Demonstrativ geistesabwesend, als sei sie die Ruhe selbst. Leicht verunsichert. Gut so. Er setzt sich. Ein fluffiges warmes Schokoladenküchlein, das innen herb und flüssig ist. Aus Schokolade gemachtes Glück.

»Warum haben Sie nicht Lavorel von Martinon erzählt?«

»Erinnern Sie sich an unsere erste Begegnung?«

»Ich erinnere mich sehr genau daran.«

»Sie haben mich angesehen, mit einem feurigen Blick. Dann sagte Roméo etwas, und Sie haben sich gebremst, ehe Begehren daraus wurde. Ich wollte wissen, ob ich diesem Blick wiederbegegnen würde. Und ich glaube, ich bin ihm wiederbegegnet, vorhin, als Sie aufgestanden und auf mich zugekommen sind.«

Daquin lächelt, streckt die Hand aus, berührt das schwere volle rote Haar, reibt zwischen Daumen und Zeigefinger die Kupferlöckchen, die das Gesicht einrahmen und weich machen und leise zwischen den Fingern knistern. Ein magischer Moment. Der nicht von Dauer ist. Gefahr.

»Das ist zehn Jahre her, Yildiz. Inzwischen ist Romero tot.«

»Roméo hätte diese Situation gefallen.«

»Keine Ahnung.« Romero, der mir gegenüber verzweifelt versuchte, erwachsen zu sein, was ihm nicht immer gelang. »Ich bin mir da nicht so sicher. Treiben Sie kein Spiel, Yildiz, in dieser Geschichte ist Blut geflossen, das Blut von Romero, an dem mir sehr viel liegt.«

Die Gittertore des riesigen Parkplatzes sind aufgebrochen worden. Im Hintergrund die düstere Masse der Lagerhallen. Die Zuschauer, fast ausschließlich Männer, stehen dicht gedrängt in nahezu völliger Finsternis, nur vereinzelt mit Lichtpunkten durchsetzt und durchbohrt von den Scheinwerfern der etwa zwanzig Autos und fünf Motorräder. An zwei Stellen grob skizzierte Pisten, gesprayte Start- und Ziellinien, mit Plastikblumentöpfen markierte Kurven, und inmitten der Menge, die sich so nah es geht heranschiebt, jagen die Wagen los, durchdrehende Reifen, heulende Motoren, Geruch nach verbranntem Gummi und Öl, streifen die Körper in voller Fahrt, die verzerrten Gesichter sind grell erleuchtet, tauchen dann wieder ins Dunkel. In den Kurven schleudern die Wagen gekonnt um die eigene Achse, mit einer Eruption schriller Geräusche und manchmal Funkensprühen fegen sie den Platz um sich leer, geben wieder Vollgas und rasen erneut in die die Menge entzweireißende Lichtschneise. Zwischen zwei Rennen kommt für eine Weile Bewegung in die Zuschauer, Diskussionen, erregte Wortwechsel, untermalt von Huptönen oder Sirenen. Befreiende Freude am Spiel mit der Gefahr, der Angst, der Finsternis, dem Kult maschinengestützter Männlichkeit. Dann gehen die Rennen in einer anderen Ecke des Parkplatzes weiter. Die Spannung steigt nochmals um einige Grad, als ein Ferrari an die Startlinie rollt. Die Zuschauer toben regelrecht, der Wagen ist zunächst vom Dunkel verschluckt, der Motor heult mehrmals auf, bevor die Scheinwerfer aufblenden, dann schießt der Ferrari mit solcher Wucht nach vorn, dass die Menge vor Freude johlt.

Daquin merkt, dass ihm übel ist. Autos, wie sie riechen, sich anfühlen, waren ihm immer ein Graus. Sein Vater, kaltblütiges Tier, Liebhaber schöner Wagen …

Seit dreiundzwanzig Uhr haben sich die Polizisten unter die Zuschauer gemischt, in Zweiergruppen gehen sie umher, registrieren die zahllosen Schiebereien und halten untereinander Kontakt. Daquin hat drei Inspektoren bei sich, die Descloux kennen. Sie erspähen ihn ziemlich bald. Wenn zwei Wagen in Startposition gehen, steht er reglos etwa zwanzig Meter von der Piste entfernt, umringt von fünf jungen Männern, wahrscheinlich zu seinem Schutz, und Zuschauer strömen scharenweise zu ihm hin, sagen etwas und stecken ihm Geldscheine zu, die er in einer Tasche verschwinden lässt. Nichts wird aufgeschrieben. Er muss ein sagenhaftes Gedächtnis haben. Blondeau zufolge sind die jungen Männer vermutlich bewaffnet. Daquin muss sich also zwei weitere Inspektoren zur Verstärkung holen.

Die Operation verlangt gutes Timing. Jedes Rennen ist extrem kurz. Zwei bis drei Minuten inklusive Vorgeplänkel. Der Einsatzbefehl muss während eines Rennens erfolgen, um den Überraschungseffekt zu verstärken. Daquin rechnet fünf Minuten zwischen dem Zeitpunkt, an dem er grünes Licht gibt, und dem Eintreffen der Polizeikräfte. Blickt sich um. Die Inspektoren haben sich entsprechend ihrer jeweiligen Zielperson um die Descloux-Bande verteilt. Daquin wartet ab. Der siegreiche Ferrari entfernt sich in einem Pulk von Bewunderern. Zwei andere Wagen rollen langsam auf die Piste zu.

»Zugriff!«, sagt Daquin in das Mikro an seinem Jackenkragen.

Die Inspektoren sehen die blinkenden Blaulichter, die sich auf einer kompletten Parkplatzseite postieren, bevor die Menge sie bemerkt. Mit Ertönen der Polizeisirenen stürzen sich Daquin und seine Leute auf Descloux und seine Bande. Zwei junge Männer werden gleich zu Beginn mit dem Schlagring niedergestreckt, ein weiterer flieht. Schusswechsel hinter Daquin, der Descloux zu Boden drückt, ihm die Hände mit Handschellen auf dem Rücken fesselt, sich mit dem Fuß in Descloux' Genick aufrichtet und umblickt, die Hand an der Waffe in seiner Tasche. Die Menge ist in wildem Durcheinander zum hinteren Parkplatzende zurückgewichen, die Wagen und Motorräder werden überrannt, zertrampelt. Amüsiert gedenkt Daquin des Ferraris. Ein bleicher junger Mann liegt auf dem Rücken, eine Jacke zusammengerollt unter dem Kopf, eine andere über seinen Körper geworfen, die Hände in Handschellen auf dem Bauch, eine Kugel im Oberschenkel, und verliert stoßweise Blut. Zwei Inspektoren stehen über ihn gebeugt und versuchen die Blutung zu stoppen. Auf Polizeiseite offenbar niemand verletzt. Daquin nimmt den Fuß von Descloux' Genick und fordert einen Rettungswagen an. Während Inspektoren in Zivil die zuvor ausgemachten Kleinganoven festnehmen, verfolgt eine geschlossene Reihe Uniformierter im Laufschritt die scharenweise Flüchtenden und ergreift ohne Ansehen der Person die Nachzügler, mit mehr oder weniger Gewaltanwendung. Eher weniger, nebenbei bemerkt. Das Regionalfernsehen wurde eingeladen und filmt die Razzia. Auch die Presseagenturen sind da. Die operative Umsetzung der Stadtpolitik ist in vollem Gange.

Gleich nach Eintreffen des Krankenwagens versucht Daquins Truppe, sich gegen den Strom durch die Menge zu kämpfen. Der Parkplatz leert sich zur rückwärtigen Seite, hinter den Lagerhallen tauchen Grüppchen von Polizisten mit ein paar Gefangenen auf, die Autos und Motorräder wirken wie Wracks zwischen den überall verstreuten zurückgelassenen Gegenständen. Brillen, Zigarettenschachteln, kleine Flaschen, Umschläge, Zettel,

Schuhe, Kleidungsstücke, einige Werkzeuge, Benzinkanister und zwei Pistolen.

Letztlich sehr wenig Bruch für eine riskante Operation in dieser hysterischen Menge, denkt Daquin, als er Descloux zu den Gefangenentransportern abführt.

Romero ist seit dreiundsechzig Stunden tot.

Vierter Tag

Sonntag, 6. Mai 1990

Descloux wird in Daquins Büro geschubst. Ein langes Klappergestell, krumm, um die fünfzig, schmales Gesicht, vorspringende Nase und schlaffe Lippen. Daquin bedeutet den beiden Uniformierten, die ihn begleiten, ihm die Handschellen abzunehmen. Descloux sackt auf einen Stuhl. Seine Hände sind zerfurcht und für immer schwarz von Schmiere. Man wird nicht viel nachhelfen müssen, damit er auspackt. Blick in die Akte. Sechs Festnahmen wegen Hehlerei mit gestohlenen Motorrädern und Pkws. Gemeinsame Sache mit Autoknackerbanden. Insgesamt fünfzehn Jahre Knast. Seit vier Jahren sauber. Bei seiner Festnahme fand man bei ihm fast hunderttausend Franc in Fünfhunderternoten, lose oder gerollt mit Gummiband darum.

»Ich hab niemanden bestohlen, Commissaire.« Die Lippen zittern, die Stimme klingt gequetscht, es sieht aus, als würde er gleich weinen. »Ich will nicht mehr in den Knast, ich bin verheiratet, ich habe ein Kind, Ihre Kollegen wissen, dass ich mich an Recht und Gesetz halte.«

»Hören Sie auf zu jammern, Descloux, ich hasse das.«

»Ich hab niemanden zum Wetten gezwungen, Commissaire. Ich schließe nur Wetten auf Autos ab, die ich selbst getunt habe, und immer mit Gewinn. Und ich bezahle die Fahrer.«

Lavorel hatte recht. Ein abgewrackter Kleinstganove. Der würde schon alles ausspucken, wenn man in der nächstbesten Kneipe mit ihm Kaffee trinken ginge.

»Wer sagt denn, dass mich das interessiert?«

Descloux blickt verdattert auf.

»Mich interessieren die jungen Kerle, die dich begleiten. Bewaffnet. Und die heute Nacht ohne zu zögern auf einen Polizisten geschossen haben.«

»Das muss sein, es ist viel Geld im Umlauf. Es genügt, wenn bekannt ist, dass sie bewaffnet sind. Sie haben ihre Knarren nie benutzt.«

»Larribi und Blondeau wurden letzten Donnerstag wegen Mordes an zwei Personen festgenommen, darunter ein Polizist.«

Descloux wird jetzt richtiggehend hektisch, windet sich auf seinem Stuhl, stottert beinahe. »He! Damit hab ich nichts zu tun. Es stimmt, Larribi ist für mich gefahren, aber mehr auch nicht.«

»Und Blondeau war dein Bodyguard.«

»Daran erinnere ich mich nicht.«

»Pfeife. Hör zu, Descloux. Larribi und Blondeau haben ausgepackt. Sie haben für Geld gemordet. Der Auftraggeber hat sie telefonisch kontaktiert. Und nur du kanntest ihre Nummer. Das reicht für Beihilfe zum Mord, und mit deiner Vorgeschichte fährst du für zehn Jahre ein. Immerhin kommst du so um alle Probleme der Kindererziehung herum – wenn du wieder rauskommst, findest du gleich einen Jugendlichen vor, das ist vielleicht besser, ich weiß nicht, ich habe keine Erfahrung auf diesem Gebiet. Du wirst allerdings nicht mehr ganz jung sein. Wenn du mir den Namen des Auftraggebers verrätst, vergesse ich alles, auch das Rennen, bei dem wir dich heute Nacht in flagranti erwischt haben.«

»Ich weiß wirklich nicht, wie der Typ heißt.«

»Aber du weißt, wen ich meine, und du weißt etwas über ihn. Ich höre.«

»Letzten Dienstag kam ein Junge und brachte mir einen Brief. Ich mach ihn auf. Im Umschlag eine kurze Nachricht: Geben Sie mir Larribis Adresse und Telefonnummer, und ein Fünfhunderter. Der Junge sagt, er wartet auf die Antwort. Ich dachte, der Typ bräuchte einen Fahrer. Larribi ist nicht der schlechteste. Ich hab die Telefonnummer aufgeschrieben und dem Jungen den Umschlag wiedergegeben. Den Typ hab ich nicht gesehen. Ich dachte an irgendwelche Machenschaften im Zusammenhang mit manipulierten Rennen. Und mehr weiß ich nicht.«

Daquin seufzt. »Das genügt nicht.« Er greift zum Telefon, Hausleitung. »Holen Sie Descloux ab, buchten Sie ihn ein für Richter Bertrand. Beihilfe zum Mord im Fall Romero-Speck.«

»Das können Sie nicht machen!«

»Schon passiert.«

»Ich kenne den Typ nicht, hab ihn nie zu Gesicht gekriegt, aber als der Junge gegangen war, fiel mir auf der gegenüberliegenden Seite des Platzes ein schwarzes Motorrad ins Auge, eine Honda CX 500 Turbo, sehr seltenes Modell, davon gibt's in Frankreich nicht mehr als zweihundert, und dieses Motorrad habe ich schon bei Rennen in Garonor gesehen. Das kann kein Zufall sein.«

Zwei Polizisten kommen, um Descloux abzuholen.

»Planänderung. Er bleibt den Vormittag über in Gewahrsam.« Zu Descloux: »Bis wir das überprüft haben. Danach werde ich sehen, was ich mit dir mache. Aber ich werde nicht vergessen, dass du im Besitz von Informationen über diese Morde warst, dass du um ihre Bedeutung wusstest und damit nicht zu uns gekommen bist. Wir mussten dich erst holen. Dafür wirst du bezahlen, Descloux.«

Es ist zwei Uhr nachts. Im oberen Stockwerk herrscht vollkommene Stille. Daquin tritt ans Fenster. Ein Stück Nacht, sehr mild, mit diesem diffusen Großstadtlicht. Der Abend mit Yildiz drängt sich in sein Bewusstsein. Eine Erinnerung, mit der er schlecht klarkommt. Romero ist in jeder Geste, in jedem Wort gegenwärtig, aber Daquin durchschaut weder Yildiz noch Romero, bekommt sie nicht zu fassen. Griff zum Telefon. Beim zweiten Klingeln meldet sich Sam mit verschlafener Stimme.

»Bist du allein? … Kann ich den Rest der Nacht mit dir verbringen?«

Sam ist aufgestanden und hat auf ihn gewartet. Er öffnet ihm in einem weiten T-Shirt, das ihm bis zu den Oberschenkeln reicht. Dieser verfügbare und so vertraute Körper. Die Hüfte, die genau in die Handwölbung passt, der erbebende Bauch. Glücklicher Seufzer, als er unter seinen Lippen die Halsvene pochen fühlt. Die Hand, in der Wärme des Körpers unter dem Shirt, streicht über den Rücken, die hervortretenden lebendigen Muskeln bis hoch zum Nacken, das halblange feuchte braune Haar riecht nach Schlaf. Mein Begehren nach dir ist ungebrochen, und das erleichtert mich ungemein. Ich weiß, wer du bist. Ich kenne deine Lust so gut wie meine. Mein Geliebter.

Als Daquin am Morgen aufwacht, ist Sam in der Küche und macht Frühstück. Vollgestopftes kleines Bad, kurze Dusche. Er benutzt Sams Elektrorasierer und sein Aftershave. Ich rieche mein Aftershave gern auf der Haut meiner Liebhaber, aber an mir selbst ist mir ein anderer Geruch als mein eigener zuwider. Er schlüpft in einen zu engen Bademantel und geht in die schlauchförmige Resopalküche zu Sam, der ihm einen raschen Seitenblick zuwirft.

»Mach nicht so ein Gesicht.«

»Ich hasse es, nicht zu Hause aufzuwachen.«

»So oft passiert dir das nicht.«

In Jeans und mit nacktem Oberkörper hantiert Sam ohne Eile in der winzigen Küche, Muskelspiel unter der Haut. Er stellt eine Schüssel Rührei, Toast, eine Kanne

Espresso, Kräuterquark und eine Karaffe Orangensaft auf den schmalen Tisch.

Daquin lehnt im Türrahmen und sieht ihm zu. Lust, ihn zu berühren. Dann, während er sich setzt: »Kennst du Rebellin?«

»Den Spieler vom FC Lisle? Klar. Das ist ein Prinz, die wahre Klasse. Reynaud hat ein Vermögen für ihn bezahlt, und Gerüchten zufolge wird er ihn bald wieder verkaufen, an welchen Verein weiß man nicht. Über ihn sollte ich schreiben, als er vorgestern Abend einen Artikel von mir wollte. Interessierst du dich aus einem bestimmten Grund für ihn?«

»Nein. Aber als ich nach dem Mord an Speck die Spieler des FC befragt habe, hatte ich den Eindruck, zwischen ihm und einigen anderen gibt es ziemliche Spannungen.«

»Das ist ganz klassisch. Die Spieler der großen Profimannschaften hassen sich oft, weißt du, wegen der Konkurrenz. Vor allem in einem Team ohne eigenes Nachwuchsleistungszentrum wie Lisle-sur-Seine, das nur aus Söldnern besteht, sehr teuer eingekauften und schnell wieder verkauften Individualisten. Wie soll da irgendein Zusammenhalt entstehen? Außerdem ist Rebellin ein sehr gutaussehender Typ. Er präsentiert die Herrenkollektionen von Galloway.« Sam hält kurz inne, halbes Lächeln. »Du hast sicher bemerkt, dass Fußballer einen superscharfen Gang haben? Kurz, er geht mit weltberühmten Mannequins aus, sammelt Erfolge bei den Frauen, und sein Foto erscheint praktisch jede Woche in der Regenbogenpresse. Das kann den einen oder anderen schon neidisch machen.«

Daquin schenkt sich eine letzte Tasse Espresso ein. »Heute Nachmittag habe ich vielleicht Informationen für dich.«

Sam sammelt das Geschirr ein, stapelt es in der Spüle. »Deine Informationen kannst du für dich behalten, Théo. Ich habe mich nicht Reynauds Diktat verweigert, um mich jetzt dem der Bullen zu unterwerfen.«

Daquin lächelt. »Wie du willst.« Ein Moment vergeht. »Sam, du solltest zu mir in die Villa des Artistes ziehen und mit mir zusammenleben.«

Entgeistert setzt Sam sich hin. »Gibst du mir Bedenkzeit?«

Lavorels erste nahezu ruhige Nacht ohne Schlafmittel seit Romeros Tod. Er macht ein Auge auf, hört seine beiden Töchter mit seiner Frau Francine sprechen, das kommt aus der Küche. Geräusch von durchlaufendem Kaffee, von Tassen, die auf Untertassen gestellt werden, das verheißt ein Frühstück im Bett. Er kuschelt sich in seine Decke.

Zwei Kaffee und ein paar Croissants später, seine drei Frauen schnatternd um ihn herum auf dem Bett, schaltet Lavorel das Radio für die Neun-Uhr-Nachrichten ein. Den ersten Meldungen schenkt er kaum Gehör, dann:

»Bei einem konzertierten Einsatz von lokalen Polizeikräften und dem Pariser Drogendezernat wurde vergangene Nacht im Großraum Paris eine Versammlung von etwa tausend Personen bei illegalen Autorennen aufgelöst, die unter extremer Gefährdung der Zuschauer stattfanden und zudem für zahlreiche illegale Geschäfte genutzt wurden …«

Francine runzelt die Stirn.

»… Es wurden gestohlene Autos sichergestellt, außerdem Waffen sowie Haschisch und andere Drogen beschlagnahmt. Etwa zwanzig Personen befinden sich derzeit in Polizeigewahrsam.«

»Was soll dieses Polizeispektakel, kannst du mir das sagen?«

»Keine Ahnung. Wie du siehst, war mein Team nicht beteiligt, schließlich war ich heute Nacht hier.«

Francine sieht ihn misstrauisch an.

»Romero ist tot, Francine. Vielleicht kannst du mich ein bisschen in Ruhe lassen.«

»Ich weiß. Aber was können solche Aktionen am Tod deines Freundes ändern?«

Lavorel seufzt. Schlechtes Gewissen und das Gefühl zu ersticken. »Wird Zeit, dass ich wieder arbeiten gehe.«

Punkt neun Uhr. Martinon wartet im Flur des Drogendezernats auf Daquin. Der bittet ihn umgehend in sein Büro. Groß, schlank, fünfundvierzig bis fünfzig Jahre, Eleganz in Form eines dezent geschnittenen Dreiteilers in neutralem Farbton. Eine distinguierte Allerweltserscheinung, das Gefühl, ihn schon irgendwo gesehen zu haben. Genau die Sorte Mann, die Lenglet gefiel. Aber ganz und gar nicht das Profil, mit dem man bei einem Freund von Romero rechnet.

»Darf ich Ihnen einen Espresso anbieten?«

»Gern.«

»Stark?«

»Nicht zu stark.«

Daquin lässt Martinon mit seiner Tasse in einem Sessel Platz nehmen. Setzt sich selbst hinter seinen Schreibtisch und nippt bedächtig an seinem Espresso. Vor sich eine kurze Notiz: André Martinon. Fünfundvierzig Jahre. Absolvent einer Elitehochschule. Generaldirektor der SBE (Société de banque européenne), ein Tochterunternehmen der Parillaud-Bank. Verheiratet mit einer Schlumberger-Tochter. Zwei Kinder im Alter von neun und zwölf Jahren. Ein Stadtpalais in der Rue Murillo am Parc Monceau. Nach gegenwärtigem Stand der Ermittlung polizeilich nicht bekannt. Ein kniffliges Gespräch. »Ich hab dich in der Hand, du hast mich in der Hand, und das gefällt mir«, hat Yildiz gesagt, und ich habe nichts in petto. Vorsichtig anfangen, aber wenn er sich keine Blöße gibt, muss ich irgendwann aus der Deckung kommen.

»Waren Sie mit Inspecteur Romero befreundet?«

»Mehr oder weniger. Zumindest mit ihm bekannt. Aber da war ich nicht der Einzige. Darf ich erfahren, warum Sie einem Gespräch mit mir so viel Bedeutung beimessen?«

Lächeln. »Und darf ich meinerseits erfahren, warum Sie so ohne Weiteres eingewilligt haben, an einem Sonntagmorgen herzukommen?«

Äußerst gelassene Reaktion. »Nicht ich will etwas von Ihnen, Commissaire. Sie müssen schon die Katze aus dem Sack lassen.«

»Kurz vor seinem Tod hat Romero in seinem Terminkalender notiert, dass eine gewisse Nadine Speck ihn angerufen hat. Er hat für letzten Donnerstag um zehn Uhr morgens ein Treffen in Levallois mit ihr vereinbart. Bei diesem Treffen sind sie beide erschossen worden.«

»Ich habe aus der Zeitung von Inspecteur Romeros Tod erfahren. Aber inwiefern betrifft das mich?«

»Als Romero den Anruf in seinem Kalender notierte, schrieb er Nadine Speck. Und in Klammern Martinon.«

Der Mann wirkt ehrlich überrascht. »Ich bedaure sehr, Ihnen nicht helfen zu können.«

Daquin lehnt sich zurück. Der Kerl willigt ein herzukommen oder benutzt sogar Yildiz, um eine Begegnung herbeizuführen, um uns dann nichts zu sagen. Folglich ist er in die Sache verwickelt und will an Informationen gelangen.

»Und der Name Diane Sex sagt Ihnen auch nichts?«

Ganz leichtes Zucken, kaum merkliches Zögern, Treffer.

»Diane vielleicht, Sex ist ziemlich geschmacklos, aber warum nicht?«

»Das ist Nadine Specks Pseudonym.«

Martinon schließt kurz die Augen, öffnet sie wieder. Für Daquin wie für ihn ist dies der Moment der Weichenstellung. Keiner weiß, was für ein Spiel der andere spielt. Daquin entschließt sich zum öffnenden Pass.

»Monsieur Martinon, Romero wurde von zwei kleinen Ganoven erschossen, für die Summe von achtzigtausend Franc. Ich bin nur daran interessiert, den Auftraggeber aufzuspüren. Ihr Name taucht nirgendwo auf, weder in

Romeros privaten Unterlagen noch in seinen Akten hier im Büro. Wenn ich Sie um Ihre Mitarbeit bitte, so habe ich doch keinerlei Handhabe, Sie dazu zu zwingen, und will es auch gar nicht. Möchten Sie noch einen Espresso? Oder lieber einen Whisky, einen Cognac, einen Marc?«

»Einen Espresso mit einem Schuss Marc, das wäre sehr gut. Sehr hilfreich.« Ein kurzes Schweigen, zwei kleine Schlucke ohne Eile, dann: »Ich bin Romero zum ersten Mal vor vier Jahren begegnet, unter für mich schlicht kompromittierenden privaten Umständen. Ich trage Verantwortung in einer großen Bank, in diesen Kreisen gilt es zuallererst, den Schein zu wahren.« Nun, da er sich entschlossen hat zu reden, bereitet es ihm offenbar echtes Vergnügen, und er drückt sich sehr gewählt-literarisch aus. »Er hat meinen Fall höchst elegant ad acta gelegt, und ich habe ihn in recht exklusive Abendgesellschaften eingeführt, die ein Freund von mir ausrichtet. Etwa zwanzig Männer finden sich zum Pokerspiel ein, das nebenbei ein Vorwand ist. Sie sind keine echten Spieler. Sie hinterlegen zu Beginn die Summe von fünfzigtausend Franc in bar, um ihre Verluste zu decken. Und jeder von ihnen bringt eine Frau mit, vorzugsweise jung und schön, absolut anonym und diskret, die sich von den Spieltischen fernhält und eine ausgeprägte Vorliebe für wechselnde Sexualpartner hat. Die Pokertische stehen im Salon, ein Buffet im Esszimmer und die Betten in den drei Hinterzimmern. Für manche Leute – dazu gehöre ich, und ich glaube, auch Romero – ist die Erregung beim Spiel der Erregung beim Vögeln im Grunde ganz ähnlich, und die beiden heben sich nicht etwa auf, sondern steigern einander, egal, ob man gewinnt oder verliert. Das Hin und Her zwischen Salon und Schlafzimmern erzeugt ein sinnlich-magisches Ambiente, das den Alltag außer Kraft setzt. Eine Art Höhenflug von Potenz, Macht, Geld und Glück.«

Romero, der vom Glück verwöhnte Bulle. Daquin beobachtet Martinon, der die Sekunden verstreichen lässt, während er seinen Espresso mit Schuss austrinkt. Er genießt seine eigene Geschichte. Literarisch, das ja … aber fiktiv? Diese Schilderung von Ereignissen, die nicht eben den Dienstvorschriften entsprechen, in einem Büro der Pariser Polizeipräfektur – eine Form von Rache an Romero oder Sehnsucht nach der Zeit ihrer Kumpanei? Dann fährt er fort, eine Tonlage tiefer:

»Ich habe das Startkapital gestellt, seine Verluste gedeckt. Die übrigens nicht der Rede wert waren, Romero spielte sehr gut, viel besser als die anderen Stammgäste. Er bluffte souverän. Seine halbkriminelle Herkunft vermutlich oder sein Job? Und er brachte zu jedem dieser Abende zwei Mädchen mit. Meist wunderschöne. Wenn Sie mich fragen, keine Hilfspolizistinnen.« Erneute Pause. »Eins der Mädchen, die regelmäßig kamen, hieß Diane. Vielleicht war das Nadine Speck?«

»Wie sah sie aus?«

»Na ja, auf den ersten Blick ziemlich durchschnittlich. Aber sie hatte eine Art, sich zu bewegen, einen anzusehen, schwer zu sagen, Luder und prädestiniertes Opfer in einem, verdorben und verfügbar. Sie machte einem wirklich Lust, sie zu vögeln.«

»Und auf Speed?«

»Ständig auf Speed, aber das waren in dem Fall fast alle. Wenn sie das Mädchen ist, das Sie suchen, muss Romero sie bei einem dieser Pokerabende kennengelernt haben.«

»Kam sie nicht mit ihm?«

»Nein. Sie kam immer mit einem südamerikanischen Playboy.«

»Namens?«

Martinon denkt mit gefalteten Händen nach, während er durch Daquin hindurchsieht. Das Schweigen dauert eine gute Minute. Dann: »Er heißt Hernán Delgado Bonilla.«

»Was wissen Sie über ihn?«

»Nichts.« Andeutung eines Lächelns. »Außer seiner Anatomie und seiner viel zu impulsiven Art zu pokern. Viel geredet wurde an diesen Abenden nicht.«

Im Besprechungsraum am hintersten Ende eines Flurs im Drogendezernat drängeln sich ein Dutzend Polizisten um den Tisch, an dem Daquin, Auberger und Denoël sitzen. Der Abgleich der von der Kfz-Zulassungsstelle angeforderten Liste der Besitzer einer Honda CX 500 Turbo mit der Liste der Besitzer von Dauerkarten für die Ehrentribüne des FC Lisle hat einen Namen erbracht: Hernán Delgado Bonilla. Adrenalinstoß. Und eine Adresse: Rue Spontini 72, Paris, 16. Arrondissement.

Romero ist seit dreiundsiebzig Stunden tot.

Die Stimmung ist elektrisiert, beinahe fröhlich. Jetzt hat man ihn und bleibt an ihm dran. Daquin sagt nichts von seinem Gespräch mit Martinon und versucht die

Begeisterung etwas zu bremsen. Es gibt keinerlei Gewissheit, solange man ihn nicht von Larribi oder Blondeau identifizieren lassen kann. Und eine Festnahme steht nicht zur Debatte, solange man nicht mehr weiß: über die Gründe, die ihn (mutmaßlich) veranlasst haben, die Morde in Auftrag zu geben, und über seine potenzielle Rolle bei dem Mord an Speck. Fehlanzeige auch, was seine mögliche Verbindung mit ProLabo oder mit Rebellin und dem Kokain angeht. Methodisch vorgehen und nichts übersehen. Als Erstes umgehend den Richter kontaktieren, die nötigen Durchsuchungsbeschlüsse und Abhörgenehmigungen erwirken. Kinderspiel. Wie es aussieht, gibt es keine Verbindung zwischen Delgado Bonilla und irgendwelchen Personen, die Protektion genießen, und der gegen ihn gerichtete Verdacht wiegt schwer. Dann bei den offiziellen Stellen Erkundigungen über ihn einziehen, Polizei, Justiz, ein Südamerikaner offenbar, also auch Außenministerium, Visastelle, Zoll. Fotos beschaffen, wenn es welche gibt. Das Haus in der Rue Spontini sofort unter Bewachung stellen. Mit dem Verwalter und der Concierge sprechen, wenn es eine gibt. Delgado beschatten, seine Wohnung verwanzen, ein bisschen herumschnüffeln. Acht Inspektoren mit zwei Motorrädern und zwei Pkws, das sollte genügen, zumindest vorerst. Sowie die richterliche Genehmigung vorliegt, ein Inspektor zum live Mithören und eine Aufstellung früherer Telefonate. Und Daquin bleibt in seinem Büro, um die Aktionen zentral zu erfassen, zu koordinieren und zu leiten.

»Dubanchet, hier ist Daquin. Ich habe einen Autowerkstattbesitzer in Gewahrsam, der in etliche krumme Geschäfte verwickelt ist, einen gewissen Descloux, der ist fix und alle, kann jeden Moment auspacken. Ich habe aber nicht die Zeit, mich darum zu kümmern, und wir müssen ihn im Lauf des Tages freilassen.«

»...«

»Ja, was den Mord an Romero angeht, sind wir ein wichtiges Stück weitergekommen. Meinen Werkstattbesitzer überlasse ich dir, er muss aber sofort abgeholt werden. Und außerdem erwarte ich eine Gegenleistung. Deine Leute beobachten doch die Modeszene, oder?»

»...«

»Cabannes, kenne ich nicht. Ich brauche ihn, schick ihn mir, er kann dann auch gleich die Akte Descloux mitnehmen.«

Cabannes. Spießertyp, mehr Ricard als Kokain. Mittelgroß, weit über vierzig, plumpe Züge, Schlupflider, Tränensäcke und schwarzer Schnauzer, kleine Wampe, selbstgefällige, brutale Ausstrahlung.

Daquin ist auf der Hut, erzählt ihm von Fußball, Rebellin, Koks und Galloway-Kollektionen. »Ich will ihn haben, aber weder über den Verein noch über Richter Bertrand. Gibt es einen Weg, ihn über Galloway in die Falle zu locken?«

»Galloway, das trifft sich. Jetzt gleich?«

»So schnell wie möglich. Es ist dringend.«

Cabannes greift zum Telefon, wählt eine Nummer.

»Galloway? Cabannes. Freust du dich, mich zu hören? Hab ich dich vielleicht geweckt? Einen Gefallen ... Ja, jetzt gleich. Du hast ein Model namens Rebellin. Du bestellst ihn im Lauf des Tages zu dir und sorgst dafür, dass er, wenn er wieder geht, ein paar Gramm Koks bei sich hat. Ist ein Klacks, er konsumiert das Zeug ja regelmäßig. Das war's auch schon.«

»...«

»Nein, Schätzchen, dein Ruf wird keinen Schaden nehmen. Wenn wir mit ihm fertig sind, wird dein Rebellin nicht mehr imstande sein, wem auch immer zu schaden. Für mich gilt das nicht, denk dran ... Ruf mich unter der üblichen Nummer an. Ich rühr mich nicht vom Fleck. Ich warte.« Er legt auf, grinst Daquin an. »Der hat viel wiedergutzumachen. Da braucht man keine Samthandschuhe anzuziehen.«

Stolz auf sein Muskelspiel und seine Männlichkeit. Daquin sagt sich, dass seine eigenen Leute die Operation Rebellin überwachen müssen, damit sie nicht aus dem Ruder läuft.

Den ersten eingehenden Informationen zufolge ist Delgado Bonilla Kolumbianer, gebürtig aus Cali, fünfunddreißig Jahre alt, im Oktober 1988 nach Frankreich eingereist, angegebener Beruf: Modedesigner. Keine Polizeiakte. Keine verfügbaren Fotos.

Kolumbien, Cali, Modedesigner, dazu Rebellin, Argentinier, Model und Kokser, der auch irgendwo ins Bild gehört. Daquin wendet sich an seinen DEA-Kontaktmann bei der US-Botschaft. Der wird Erkundigungen über Delgado Bonilla einziehen und die erhaltenen Informationen unverzüglich an Daquin weiterleiten. Er wird weiterleiten, was ihm geboten scheint, aber man weiß ja nie.

Ein Uhr mittags. Zusätzliche Telefonanschlüsse und zwei junge Inspektoren wurden in Daquins Nachbarbüro installiert, und der erste Bericht der Teams in der Rue Spontini wird durchtelefoniert. Sehr modernes Gebäude. Delgado bewohnt eine Dreizimmerwohnung im achten Stock mit kleiner Terrasse. Er ist momentan zu Hause und höchstwahrscheinlich allein. Ein Inspektor ist aufs Dach gestiegen, das Eindringen in die Wohnung und das Anbringen der Wanzen, sobald Delgado aus dem Haus ist, dürfte kein Problem darstellen. Ein Team vor der Haustür, ein anderes in der Tiefgarage, ein weiteres vor dem Wohnhaus in der Rue de la Faisanderie, das durch die Höfe mit dem in der Rue Spontini verbunden ist. Die Concierge spielt mit. Die Lage ist unter Kontrolle. Keine besonderen Vorkommnisse.

Zum Rapport erscheinen Le Dem und Lavorel mit einem Armvoll Sandwichs und ein paar Flaschen Bier, bei deren Anblick Daquin das Gesicht verzieht. Er informiert sie rasch über die jüngsten Entwicklungen. Dann berichtet Le Dem kurz und bündig über die von ihm unternommenen Schritte.

Wie erwartet hat das Kommissariat von Lisle-sur-Seine Unterlagen über das Sicherheitssystem des Stadions. Die lesen sich umso interessanter, als dieses System auch das Haus der Specks umfasst und folglich die Ermittlung berührt … Die Sirenen, die im Ernstfall im Kommissariat ertönen, sind mit dem Telefon der Specks gekoppelt, und die gesamte Anlage wurde vor etwa zwei Jahren von der Firma Telsec runderneuert. Die Alarmanlage der Specks war Freitagabend zwischen neunzehn und einundzwanzig Uhr dreißig eingeschaltet, und sie wurde nicht ausgelöst.

»Wir müssen bloß noch Telsec und die Arbeiter ausfindig machen, die die Anlage installiert haben. Morgen ist Montag, da dürfte das kein Problem sein.«

»Hier ist, was ich herausgefunden habe.« Lavorel schiebt eine Mappe auf Daquins Schreibtisch. »An sich interessant. Aber da wir jetzt Delgado abhören, scheint es mir zu nichts mehr nütze.«

Ohne auf Lavorels Unmut einzugehen, steht Daquin auf, wirft die leeren Flaschen weg, stellt die anderen auf die Anrichte, nimmt eine Papierserviette und wischt den Tisch ab. Dann macht er drei Espresso, davon einen dünnen für Le Dem.

Neuer Bericht der Überwachungsteams. Gerade hat Delgado Bonilla am Steuer eines schwarzen BMW die Tiefgarage seines Hauses verlassen. Noch keine Fotos. Ein Motorrad- und ein Pkw-Team haben die Beschattung aufgenommen. Einleiten der Verwanzungsaktion.

Daquin wendet sich wieder Le Dem und Lavorel zu. »Wir sind längst nicht so weit, wie Sie offenbar meinen, Lavorel. Klar, wir kennen jetzt die Identität des Auftraggebers, das scheint mir so gut wie sicher. Aber warum hat er Nadine Speck und Romero ermorden lassen? Darüber wissen wir nichts. War er derjenige, der Éric Speck beseitigt hat? Speck versorgte fast den ganzen Club mit Dopingmitteln, okay. Er bezog sie vermutlich zusammen mit den legalen Mitteln von ProLabo, belieferte den Physiotherapeuten mit der Ware für jedermann, und der schickte ihm die Kunden, die das gewisse Extra brauchten, vielleicht gegen Provision. Schön. Aber das ist und bleibt ein lokal begrenztes Geschäft, bei dem von Delgado Bonilla zu keinem Zeitpunkt die Rede ist, und ich sehe nicht, wie es sich mit einem Dreifachmord verknüpfen lässt.

Bleibt das Kokain. Seit Rebellin auf der Bildfläche erschienen ist, scheinen sich alle darauf zu stürzen. Es passt natürlich gut zu einem Kolumbianer aus Cali. Außerdem haben wir Antwort von der DEA, bei der ich um Informationen nachgesucht hatte. Delgado ist ein angeheirateter Neffe der Orejuela-Brüder, laut DEA bislang jedoch nie in einen Fall von Drogenhandel verwickelt gewesen. In Cali dürften viele Familien mit den Orejuelas verwandt sein. Und nichts deutet darauf hin, dass Speck mit Kokain zu tun hatte. Nadine konsumierte zwar ein bisschen, aber wir haben keinen Beweis, dass sie sich bei ihrem Bruder eingedeckt hat. Wir werden uns natürlich näher mit Rebellin befassen, aber für mein Gefühl gibt das nichts her.

Es gibt eine weitere Möglichkeit, von der ich vorerst möchte, dass sie unter uns bleibt. Ich bin überzeugt, dass

Martinon unser Treffen über Yildiz herbeigeführt hat. Deren Rolle alles andere als klar ist, aber ich schlage vor, sie aus Respekt für Romero außen vor zu lassen. Martinon wollte wissen, wie weit wir sind, und er hat sich erst entschlossen, mir etwas zu erzählen, als ich das Pseudonym erwähnte, das Nadine Speck bei den Orgien benutzte, vielleicht weil er mich für besser informiert hielt, als ich war. Ihm zufolge lernte Romero Nadine Speck auf einer heißen Party kennen, wo sie mit Delgado Bonilla und ihm, Martinon, war.« Daquin hält kurz inne. Und schließt: »Nadine schlief auch mit ihrem Bruder. Vielleicht stoßen wir ja auf eine absurde Sexgeschichte um eine zugedröhnte aidskranke Nutte.«

Lavorel lächelt. »Chef, Sie sagen doch immer, man darf sich nicht zu der herrschenden Frauenfeindlichkeit hinreißen lassen, aber jetzt übertreiben Sie selbst.«

»Nein, das sage ich nicht. Ich sage, man darf die Frauen nie unterschätzen, was nicht dasselbe ist.« Rückblende: Martinon, Luder und prädestiniertes Opfer. Alle waren scharf darauf, mit ihr zu vögeln. »Diese hier, die äußerlich nicht viel hermachte, war vielleicht imstande, ein Gemetzel zu verursachen.«

»Romeros Tod war den beiden Armleuchtern zufolge anscheinend nicht geplant.«

Le Dem schaltet sich bedächtig ein. »Meiner Meinung nach kannte Romero gerade mal den Namen dieses Mädchens. Warum sonst hätte er in seinem Kalender den von Martinon dahinter geschrieben? Um sich später zu erinnern, um wen es sich handelt.«

»Er hat ihr immerhin seine Telefonnummer gegeben.«

»Nichts beweist, dass er selbst sie ihr gegeben hat. Das kann Martinon gewesen sein.«

»Kurz, wir tappen immer noch im Dunkeln.«

Die Inspektoren Pontaud und Marsal dringen durch die Terrassentür in Delgados Wohnung ein. Binnen zwanzig Sekunden Ausschalten der elektronischen Alarmanlage mittels eines Dekodiergeräts. Mäßig geschützte Wohnung, kein Sicherheitsfimmel. Sofort an die Arbeit, in völliger Stille, verständigen sich durch Zeichen, bewegen sich lautlos, tragen Handschuhe, echte Profis, eingespieltes Team. Zuerst das große Wohnzimmer, durch das sie hereingekommen sind. An der Wand zwei Kakemonos. Ideales Mikroversteck. Küche: über einem Hängeschrank. Großer Flur. Das Arbeitszimmer: Ledersessel, Regal mit dekorativen Büchern, Wanze in eine Regalecke. Dann im Schlafzimmer: unters Bett. Insgesamt: fünfundvierzig Minuten. Das Überwachungsteam meldet keine Vorkommnisse. Pontaud und Marsal gehen durch das Arbeitszimmer zurück. Gut sichtbar auf der Schreibtischplatte ein dicker Terminplaner, Hunderte Telefonnummern und Adressen sowie überwiegend abendliche Verabredungen in angesagten Lokalen und bekannten Restaurants. Rasche Durchsuchung der Schubladen. Hauptsächlich Bankunterlagen, sehr sorgsam geordnet. Beachtliche Summen, Millionenbeträge in Franc, Schweizer Franken und vor allem Dollar. Beteiligte Banken: Parillaud in Genf sowie IBS in New York, Panama-Stadt und Cali. Die Konten lauten auf die Namen von schätzungsweise hundert Firmen. Ein Playboy vielleicht, steinreich auf jeden Fall. Unmöglich, das alles mitzunehmen. Zum Fotografieren fehlt die Ausrüstung. Wenn nötig, kommen wir wieder.

Unter Delgados Telefonaten der letzten sechs Monate listet France Telecom rund zwanzig Nummern auf, die mehrfach vorkommen, einige davon oft. Acht im Ausland. Genf, Cali, Bogotà, New York, Miami, Panama-Stadt. Und ein Dutzend in Paris und den angrenzenden Departements. Die Überprüfungen laufen.

Delgado Bonilla fährt durch den Bois de Boulogne und parkt seinen BMW vor dem Sportclub Polo de Paris, in dem er kurz darauf mit einem Nicken zum Türsteher verschwindet. Ein Stammgast. Inspecteur Verjoux bekommt ihn wieder ins Visier, indem er ein Stück entfernt über den Zaun klettert. Delgado isst mit Freunden auf der Clubterrasse zu Mittag. Endlich Fotos. Weltmännische, entspannte, heitere Gespräche. Südamerikaner sind auch dabei. Dann begeben sich einige aus der Runde zu den Ställen. Delgado bleibt auf der Terrasse. Eine Polopartie. Delgado spielt nicht mit, kennt aber jedermann und verfolgt das Geschehen sehr aufmerksam. Wie es aussieht, keine besonderen Vorkommnisse.

Polo, also Argentinier. Rebellin ist ebenfalls Argentinier. Eine mögliche Verbindung?

Galloway bringt Rebellin zur Tür seiner prunkvollen Wohnung in der Avenue Montaigne, direkt über seiner am heutigen Sonntagnachmittag geschlossenen Boutique. Dann tritt er an das Fenster mit Blick auf die Avenue und zieht einen Vorhang beiseite. Rebellin kommt unter dem Portalvorbau hervor, die schwere Haustür fällt im selben Moment hinter ihm ins Schloss, als von drei Seiten Männer auf ihn zulaufen. Er bekommt es mit der Angst, rennt auf die Straße, versucht einen Wagen mit einer Frau am Steuer anzuhalten. Cabannes umklammert ihn brutal, er wird zu Boden geworfen, mit Handschellen gefesselt. Unterdessen zeigt Le Dem der verängstigten Autofahrerin sehr höflich seinen Polizeiausweis, versichert ihr, alles sei gut und sie könne getrost weiterfahren.

»Schönen Sonntag noch, Madame, und entschuldigen Sie vielmals.«

Rebellin wird weiter am Boden gehalten, während Cabannes ihn rasch durchsucht. In der Innentasche der Jacke ein rundes Döschen aus Gold und Perlmutt und darin das Pulver. Nicken in Richtung des Zivilfahrzeugs, das ein Stück entfernt auf sie wartet, dann zerren Cabannes und Lavorel Rebellin unsanft hoch und werfen ihn buchstäblich auf die Rückbank. Bevor Cabannes sich Lavorel hinterher in den Wagen drängt, winkt er kurz zu dem Fenster hoch. Galloway, der an der Scheibe klebt, kotzt auf den Teppich.

Das komplette Einsatzteam – vorweg Lavorel und Le Dem, dann Rebellin flankiert von Cabannes und seinem Kollegen Poupart – betritt Daquins Büro, das schlagartig überfüllt ist. Als Cabannes ihm die Handschellen abnimmt, rastet Rebellin brutal aus. Ein Kopfstoß mitten in Lavorels Gesicht, der sich eben zu ihm umgedreht hat und stark blutend zu Boden geht, dann schnappt er sich einen Stuhl und drischt ihn mit voller Wucht auf Poupart. Als er den Kopf hebt, erwischt ihn Cabannes mit einem Faustschlag auf die Kinnspitze. Rebellin taumelt rückwärts zur hinteren Wand. Le Dem greift seinen Arm und schließt die Handschellen darum, doch Rebellin bespuckt ihn und reißt sich unter Tritten los. Daquin und Cabannes packen jeder einen Arm, überwältigen ihn, setzen ihn auf einen Stuhl, drehen ihm die Arme auf den Rücken und fesseln sie mit Handschellen an die Lehne, dann mit zwei weiteren die Füße an den Tisch. Die beiden Inspektoren aus dem Nachbarbüro lugen durch einen Türspalt. Daquin signalisiert, dass die Lage unter Kontrolle ist.

Rebellin, weiß wie die Wand, brüllt mit starkem spanischem Akzent aus vollem Hals: »Ihr Hurensöhne! Ich bin Rebellin und ihr seid ein Dreck. Ein Dreck, wisst ihr das? Ich bin Millionen wert, ihr Versager … meine Beine sind Millionen wert … Pfoten weg, die könnt ihr euch nicht leisten …«

Daquin ohrfeigt ihn kräftig, hin und zurück, Rebellin verstummt jäh, wie ausgestöpselt, und schnieft.

»Mit solchen Idioten können wir uns nicht aufhalten.« Er stupst mit den Fingerspitzen gegen Rebellins Kopf. Keine Reaktion. »Poupart und Le Dem, Sie übernehmen, er wird jetzt langsam runterkommen, Sie verabreichen ihm eine ordentliche Dosis Valium, um ihn zu stabilisieren, passen Sie auf, dass er Sie nicht beißt. Lavorel verarztet inzwischen seine Nase, und Cabannes und ich gehen unten in der Brasserie was trinken. In einer halben Stunde treffen wir uns wieder, zu einer zivilisierten Vernehmung in einem aufgeräumten, ruhigen Büro.« Daquin beugt sich zu Rebellin hinab. »Wenn das nicht klappt, lasse ich dich ins Hôtel-Dieu-Hospital einliefern und bestelle die Presse. Geht es noch in deinen Schädel, welche Konsequenzen das für deine Karriere haben wird? Antworte.«

Rebellin nickt, die Nerven lassen ihn im Stich, er beginnt zu weinen.

Beim Hinausgehen flüstert Daquin Le Dem zu: »Dosieren Sie das Valium nicht zu hoch, sonst besteht die Gefahr, dass wir nichts mehr aus ihm rauskriegen.«

Auf dem Rückweg zu seinem Büro schaut Daquin im Überwachungsbüro vorbei. Delgado isst bei Freunden im 16. Arrondissement unweit der Rue Spontini zu Abend. Ein gewisser Smadja, Besitzer eines großen Prêt-à-porter-Unternehmens im Sentier-Viertel und einer Polomannschaft. Polizeilich nicht bekannt. Die innerhalb von Paris getätigten Anrufe gingen vor allem an ein Büro in der Rue Réaumur, dessen Mieter, ein gewisser Thibaud, dort eine kleine Firma für Modedesign namens Chrysalide betreibt, praktisch ein Telefonat pro Werktag …

Daquin verzieht das Gesicht. Auch wenn das hoffnungslos normal klingt, muss man ihn ab morgen früh um sieben überwachen lassen.

… sowie an eine Reihe von Privatpersonen, deren Hintergrund gerade überprüft wird, und mehrmals an die Privatnummer der Specks. Und das ist mal eine gute Nachricht.

Endlich sind die ersten Fotos im Polizeilabor entwickelt und werden an alle Teams verteilt. Larribi hat Delgado eindeutig als den Mann identifiziert, der den Mord an Nadine Speck in Auftrag gegeben hat.

Romero ist seit fast achtzig Stunden tot. Immerhin, es geht voran.

Rebellin sitzt niedergeschlagen auf seinem Stuhl, bleich, mit zitternden Lippen und klitschnassem Haar, als hätte er geduscht. Mitleiderregend. Rückblende. Sam: Das ist ein Prinz. Es schnellstmöglich hinter sich bringen.

Als Daquin und Cabannes sich ihm gegenübersetzen, sagt Rebellin halblaut im Ton einer Feststellung: »Ihr seid Schweine, ihr habt mich mit Galloways Hilfe in die Falle gelockt.«

Daquin muss lachen. »Lass den armen Galloway in Ruhe. Ihm steht der Ärger noch bevor. Deine Kumpels haben dich verpfiffen. Benmaklouf, der sauer auf dich ist, weil du nicht mannschaftsdienlich spielst, und der kleine Hernandez, der findet, dass du ihm ein bisschen zu sehr die Schau stiehlst, und dann die, die Anabolika schlucken und meinen, das sei weniger schlimm als dein Koksen. Man musste sie nicht groß zum Plaudern drängen. Kapierst du?«

Rebellin, in sich zusammengesunken, kapiert.

»Wir sind dir seit zwei Tagen auf den Fersen«, übernimmt Cabannes. »Eine Verabredung an einem Sonntagnachmittag, wenn alles zuhat, bei Galloway zu Hause – da du keine Schwuchtel bist, muss man kein Genie sein, um darauf zu kommen, dass du dich dort eindecken wolltest.«

»Was wollen Sie? Was kümmert es Sie, dass ich ohne Koks nicht rundlaufe? Ich brauche es, um auf dem Rasen frei aufzuspielen, das ist nun mal so, und dafür werde ich bezahlt. Nicht dafür, dass ich als Moralapostel auftrete. Lassen Sie mich in Frieden.«

»Fußball ist mir scheißegal. Der Mord an Speck hängt mit Kokaingeschäften zusammen.« Daquin gibt Rebellin Zeit, die Information zu verdauen. »Und wir suchen die Mörder.«

Bestürzt: »Sie glauben doch nicht etwa, dass ich ihn getötet habe? Zum Zeitpunkt des Mordes habe ich gespielt.«

»Momentan glauben wir gar nichts. Wir wollen, dass du uns deine Lieferanten verrätst.« Daquin nickt Lavorel zu, der sich an Daquins Schreibtisch setzt. »Wir zeichnen deine Aussage auf.«

»Ab und zu bei Galloway, vor den Modenschauen. Ein gewisser Étienne.«

»Das genügt nicht.«

»Vor dem *Perroquet vert,* am Wochenende stehen da immer Verkäufer rum. Und auf Partys, bei Freunden. Es ist nicht schwer, sich in Paris Schnee zu beschaffen.«

»Ist das alles?«

»Das ist alles.«

»Keinerlei Geschäfte mit Speck?«

»Keine.« Daquin steht mit genervter Miene auf. »Jedenfalls keine mit Schnee. Manchmal Salbutamol kurz vor dem Spiel, nur zur Sicherheit.«

Daquin nickt Cabannes zu, sie gehen ins Nebenzimmer und überlassen Rebellin Le Dems Aufsicht.

»Was halten Sie davon?«

»Was er sagt, klingt einleuchtend. Galloway hat mir die Liste der bei ihm aktiven Dealer und ihrer Kunden gegeben. Ich habe den Nachnamen von diesem Étienne. Er hat allerdings nie erwähnt, dass Rebellin zu den Kunden zählt, aber das«, genüsslich, »ist eine Sache zwischen ihm und mir.«

»Ich glaube, Rebellin konsumiert mehr, als er sagt. Und vor allem verrät er uns nichts, was wir nicht schon wissen.«

»Der Meinung bin ich auch. Wir können es mit einer Hausdurchsuchung bei ihm probieren.«

»Wenn er einen Vorrat zu Hause hat, würde er dann bei Galloway Koks kaufen?«

»Galloway hat ihm sicher nichts verkauft. Ich kann's mir bildlich vorstellen. Sie werden vor der Arbeit zusammen eine kleine Line gezogen haben. Und aus Freundschaft hat Galloway ihm das Perlmuttdöschen mit ein paar Gramm darin geschenkt.«

»Eine Hausdurchsuchung passt mir nicht. Sie käme ein bisschen früh. Ich will wissen, ob eine Spur zu ihm führt, aber ich will nicht riskieren, sie zu zerstören. Und ich neige zu der Annahme, dass nach den Morden an Romero und Nadine Speck bei Rebellin aufgeräumt wurde, wie schon bei Éric Speck. Ich werde versuchen, die Sache anders anzugehen.«

»Zeigen wir ihm Fotos von Delgado?«

»Ja, los.«

Cabannes breitet einen Satz Fotos von Kleindealern vor Rebellin aus, von denen einige vor dem *Perroquet vert* tätig sind, und daruntergemischt zwei von Delgado. Er erkennt niemanden, weder Delgado noch die Dealer vom *Perroquet vert*. Er reagiert kaum auf die Bilder, der Test gibt wenig her.

»Du unterschreibst deine Aussage, dann lassen wir dich gehen. Aber wir wissen, wo wir dich finden. Ist jemand bei dir zu Hause, der dich abholen kann?«

»Nein, niemand. Mein Agent ist zurzeit nicht da.« Verloren und verbittert. »Meine Familie ist in Argentinien …«

Mit dem Rücken zum Raum macht Daquin Espresso für alle, stellt eine Tasse vor Rebellin auf den Tisch und trinkt selbst auch einen.

»Le Dem, Sie begleiten den Kerl nach Hause, er schafft das nicht allein.«

Rebellin leert seine Tasse, steht schwankend auf.

Daquin flüstert Le Dem zu: »Reden Sie im Wagen mit ihm, damit er nicht völlig wegdämmert, bevor Sie bei ihm sind, und bringen Sie ihn hoch in seine Wohnung. Er wird schlafen wie ein Toter. Sollte die Wohnung tatsächlich leer sein, nutzen Sie die Gelegenheit und sehen Sie nach, ob er Kokainvorräte hat.«

Le Dem nickt und fasst Rebellin unter.

Ein modernes Wohnhaus in Levallois. Le Dem hat Mühe, Rebellin aus dem Wagen zu bekommen, trägt ihn halb in den Fahrstuhl, durchsucht seine Taschen nach dem Schlüssel, bugsiert ihn in die Wohnung. Ein sehr helles, geräumiges Zimmer mit einer Bar, die die ganze rechte Wand einnimmt, und einem blumenüberladenen großen Balkon. Links in der Diele eine Tür, vermutlich das Schlafzimmer. Le Dem öffnet sie, schleppt Rebellin hinein. Und kippt fast hintenüber. In der Zimmermitte ein riesiges rundes Bett. An drei der Wände je ein vom Boden bis zur Decke reichendes Foto einer stehenden Frau, überlebensgroß, hochhackige schwarze Lackstiefel bis zu den Schenkeln, schwarze Handschuhe bis zu den Ellbogen, frontal, splitternackt, gebeugte Knie, gespreizte Schenkel, nach vorn geschobenes Geschlecht, eine mit beiden Händen aufs Bett gerichtete Pistole im Anschlag. Und die vierte Wand ist komplett mit einer riesigen Schwarz-Weiß-Vergrößerung tapeziert: Rebellin im Zustand der Ekstase, zum Raum gewandt, offener Mund, ausgebreitete Arme, wie er einen Bombenschuss in Richtung Bett abgibt, der den von hinten zu sehenden Torhüter weghaut. Le Dem schließt halb die Augen, lässt Rebellin los, der schlafend aufs Bett sackt, zieht ihm die Schuhe aus, lockert seinen Gürtel. Und stürmt, die Tür hinter sich zuknallend, ins Wohnzimmer. Im Bett war ich nie der Kracher, aber eine Nacht in so einem Schlafzimmer, und ich bin für den Rest meiner Tage impotent.

Er geht zur Bar, braucht einen kleinen Pastis. Findet keinen. Dann eben Whisky. Ein Glas, großzügig eingeschenkt. Sucht Eis. Unter der Bar ein kleiner Kühlschrank. Öffnet das Gefrierfach, voll mit Eiswürfelbehältern. Er greift nach einem, der festsitzt, zieht ruckartig, hält den ganzen Packen in der Hand. Und an die Rückwand des Gefrierfachs geklebt zwei Tütchen Aspégic. Le Dem legt die Eiswürfel ordentlich in die Spüle, nimmt ein Tütchen, öffnet es ein wenig, kostet. Kokain, eindeutig. Tut zwei Eiswürfel in seinen Whisky, platziert die Tütchen wieder dort, wo er sie gefunden hat, legt die Eiswürfel davor, schließt den Kühlschrank und setzt sich mit Blick auf den Balkon, um in Ruhe sein Glas zu leeren. Ein paar Minuten Entspannung, bevor er nach unten gehen und Daquin anrufen wird. Streckt die Beine aus. Seufzt. Jetzt weiß ich endlich, wieso ich Fußball nie mochte. Er betrachtet die Blumen und die pastellviolette Nacht. Kein Lärm über der Stadt, nur ein Rumoren, ein Summen leistet ihm Gesellschaft und beruhigt die Nerven. Und wenige Meter entfernt Rebellins kräftige, gleichmäßige Atemzüge. Nein, Nächte wie diese hat er in der Bretagne nie erlebt, und er würde sie schmerzlich vermissen.

Delgado verbringt den Abend mit den befreundeten Perez-Brüdern in einem sittsam frivolen Nachtclub. Keine Überraschungen.

Cabannes und Poupart ziehen ab.

Anruf von Le Dem. Ein weiteres Puzzleteil lässt sich möglicherweise einfügen. Aller Wahrscheinlichkeit nach Kokain, das von ProLabo in Aspégic-Tütchen verpackt und von Éric Speck ausgeliefert wurde. Rebellin und Nadine Speck hätten sich demnach beim Verein eingedeckt. Gab es ein größeres Weiterverkaufsnetz? Diese Hypothese kann nicht ausgeschlossen werden. Dazu die beiden Morde im nahen Umkreis von Rebellins Wohnung … Stellt sich also immer noch die Frage, wie passt Romero in diesen Fall?

Es ist spät. Keine Nachricht von Sam. Nach Hause will ich jetzt nicht. Bevor er sich für eine Nacht im Büro einrichtet, erfragt Daquin beim Kommissariat von Lisle-sur-Seine Cerquilinis Privatnummer und ruft ihn an. Lavorel spitzt die Ohren und macht Espresso.

Ein paar Worte der Entschuldigung wegen der sehr späten Stunde, dann: »Gerade hat Rebellin mein Büro verlassen. Wir haben ihn beim Kokainkauf erwischt. Wir haben für alle Fälle seine Aussage zu Protokoll genommen, vorerst ohne weitere Schritte einzuleiten, und ihn wieder auf freien Fuß gesetzt. Er hat nichts über seine Lieferanten verraten, aber als ich ihn so reden hörte, habe ich mich gefragt, ob er sich sein Pulver nicht normalerweise bei Kleindealern beschafft, die beim Training anwesend sind. Ich werde morgen hinfahren und mich umsehen. Ich wollte nicht in Ihr Revier eindringen, ohne Ihnen Bescheid zu sagen.«

Er legt auf, Lavorel bringt ihm einen Espresso. »Man könnte meinen, Sie finden wirklich Gefallen am Fußball.«

»Ich will über seine Spieler einen gewissen Druck auf Reynaud aufrechterhalten. Bestimmt ruft Cerquilini ihn gerade an, um ihm alles zu erzählen. Und Reynaud wird reagieren. Ich weiß nicht, wie, ich weiß nicht, wobei, aber ich hoffe, ihn zu einem Fehler zu verleiten. Außerdem schirme ich so die Delgado-Spur ab.«

Nachdem Delgado in seine Wohnung zurückgekehrt ist, allein, macht Daquin es sich in seinem Sessel bequem, die Beine ausgestreckt auf einem Stuhl.

»Ich bleibe bei Ihnen«, sagt Lavorel. »Zum Heimfahren bin ich zu müde.«

Fünfter Tag

Montag, 7. Mai 1990

Der Rest der Nacht verläuft ruhig. Daquin erwacht gegen sechs, kreuzlahm und mies gelaunt. Lavorel geht Croissants kaufen.

»Bringen Sie mir auch eine *Sports Infos* mit.«

Dann rasiert er sich, so gut es eben geht. Malt sich aus, wie Sam in seinem kleinen Bad zugange ist. Nein, um die Zeit schläft er noch. Immer auf dem Bauch. Ein herrlicher Rücken. Aus dem Inspektorenbüro dringen Stimmen. Zurück zur laufenden Ermittlung. Beweisstücke und Puzzleteile, die nicht zusammenpassen, und Romero nach wie vor ungreifbar.

Lavorel legt die Tüte mit den Croissants und die auf Seite zwei aufgeschlagene Zeitung auf den Tisch und macht Espresso.

Ganzseitige Schlagzeile: »Korruption und Gewalt bei König Fußball.« Nicht wirklich originell, aber Sam hat keine kalten Füße bekommen, und sein Chefredakteur auch nicht. Der Artikel beginnt mit einem Porträt des bandagierten Sikorsky in seinem Krankenhausbett, jung, gebrochen. Mitgefühl garantiert. Dann folgt die Szene vor dem verlassenen Lagerschuppen, wie Sikorsky von einem Schläger verprügelt wird, der wie ein ehemaliger Catcher aussieht, zerbeultes Gesicht und Riesenpranken, »als hätte er sich die Handschuhe des Keepers ausgeliehen«. Entrüstung, Empörung. Auf Befehl von Reynaud. Bestürzung. Bericht von Sikorskys Bestechung durch den Bourgeron-Trainer, dann noch mal die Analyse der einzelnen Spielphasen, wie Sam sie in der Samstagsausgabe vorgenommen hatte, und schließlich die Frage: War Sikorsky am Freitagabend der einzige gekaufte Mann auf dem Platz?

Der Artikel wird nicht unbemerkt bleiben. Wie werden die *Sports Infos*-Leser reagieren? Die Führungsgremien des Fußballverbands? Schwer zu sagen, ich kenne sie nicht. Und Reynaud? Zweifellos entzückt, ganz gleich, was er sagt. Sein schwacher Punkt. Er sorgt liebend gern für Aufsehen, ohne die Risiken abzuwägen.

Daquin klappt die Zeitung zu und blickt auf zu Lavorel, der den Espresso serviert.

»Sie waren natürlich im Bilde?«

»Natürlich.«

»In Momenten wie diesem fand Romero Sie unerträglich, erinnern Sie sich?«

»Regen Sie sich nicht auf, Lavorel. Es ist zu früh. Sie halten das bis Feierabend nicht durch. Der Schläger war in der Nacht von Specks Ermordung in unmittelbarer

Nähe des Stadions. Wir werden seine Personenbeschreibung aus dieser Zeitung für alle Fälle an sämtliche Teams verteilen.«

»Commissaire Daquin? Varaut hier. Ich bin bei der Telefonüberwachung. Delgado hat gerade einen Anruf erhalten. Bestimmt interessant, aber mir fehlen ein paar Fakten zum Verständnis. Soll ich's Ihnen vorspielen?«

Daquin schaltet den Lautsprecher ein, setzt sich hinter seinen Schreibtisch, Lavorel davor. »Fangen Sie an.«

»Hernán?«

Ein Räuspern, zweimal kurzes Husten. »Ja. Wie spät ist es?«

»Früh. Und das ist mir scheißegal.«

»Reynaud«, murmelt Daquin, »Reynaud …«

»Rebellin wurde gestern beim Kauf von Kokain festgenommen. Es muss ein Vernehmungsprotokoll geben.«

»Überrascht dich das?«

»Natürlich nicht. Er wurde vorläufig freigelassen, und offenbar hat das Ganze keine strafrechtlichen Folgen. Aber ich gebe morgen seinen Transfer bekannt, und ich will, dass du heute Vorkehrungen triffst, damit das glatt über die Bühne geht, Kokain hin oder her.«

»Es wird keine Probleme geben. Ich kümmere mich darum.«

»Wenn von japanischer Seite alles klappt, kommt diese Kokaingeschichte gar nicht ungelegen. Rebellin wollte nicht nach Japan. Ich hätte ihn auch so dahin verschickt. Aber jetzt kann er nichts mehr sagen.«

»Und wieso wurde er geschnappt? Soviel ich weiß, wird nicht jeder Kokser gleich festgenommen. Du hast doch nicht etwa ...«

Lachen. »Nein. Die Polizei ist überzeugt, dass die Morde an den Specks mit Doping- oder Kokaingeschäften zusammenhängen. Also stellen sie Ermittlungen über die Konsumenten in der Mannschaft an. Da haben sie einiges zu tun.«

Ein Moment Schweigen. »Also läuft alles gut. Wegen des Transfers mach dir keine Sorgen, ich bringe die Sache heute unter Dach und Fach. Ich geh wieder schlafen, salut.«

Daquin schaltet den Lautsprecher aus. »Sehr gut erkannt, Varaut. Transkribieren Sie das Gespräch und lassen Sie es mir in die Präfektur bringen.«

Dann lehnt er sich in seinen Sessel zurück, legt die Füße auf den Schreibtisch und betrachtet Lavorel, der atemlos vor ihm steht, die Hände fest auf den Tisch gepresst, um seine Aufregung zu zügeln.

»Ich denke, Sie müssen jetzt doch mal die Akte lesen, die ich Ihnen gestern mitgebracht habe.«

Rue Réaumur. Ein Stahlskelettbau aus dem 19. Jahrhundert, sehr einfache Struktur: Fahrstuhl und Treppenhaus an einem Gebäudeende. In jeder Etage ein langer zentraler Flur, von dem zu beiden Seiten Büros abgehen. Rund fünfzig Firmen sind hier untergebracht. Unter anderem Chrysalide, vierter Stock, dritte Tür rechts.

Der Hausverwalter hat eingewilligt, dass Le Dem im

Raum für die Videoüberwachung Posten bezieht, die normalerweise nur nachts oder sonntags in Betrieb ist. Er sitzt mit hochgelegten Füßen an einem Schreibtisch, hat den Kontrollmonitor für den vierten Stock im Blick und einen Block, ein Butter-Schinken-Sandwich sowie eine Dose Bier zur Hand. Gab schon Schlimmeres. Draußen zwei Pkw-Teams, mit denen er über Walkie-Talkie in Verbindung steht. Es ist alles bereit, jetzt heißt es nur noch warten, bis die Büros öffnen.

Sehr schönes Wetter, noch etwas frisch. Der Parkplatz für die Gäste der Ehrentribüne ist voll besetzt mit Autos und ein paar Bussen. Die Tore stehen offen, und eine lange Besucherschlange folgt einer mit Pfeilen markierten Strecke bis zum Trainingsgelände. Mehr oder weniger junges Publikum, einige Journalisten vielleicht, vor allem Fans. Hinter einer dichten Baumreihe der Bereich, wo die Spieler sich warm machen. Zwischen zwei Spielfeldern wurde ein Erdwall aufgeschüttet, um einen durch hohe Netze vor Bällen geschützten Platz für die Zuschauer zu schaffen.

Vorneweg ein kleiner Trupp in Trainingsanzügen in den Vereinsfarben und mit Sponsorenaufdruck: der Trainer, der Konditionstrainer und … ja doch, Reynaud. Show oder Alltag? Dahinter sämtliche Spieler, sogar Rebellin, trotz der frühen Stunde und dem hinter ihm liegenden Abend, allerdings bleich und schwerfällig. Jogging über die verschiedenen Spielfelder bis zur Seine, gemäßigtes Tempo. Daquin hält Ausschau nach Danjou. Der sitzt ein Stück entfernt auf dem Wall, abseits der anderen. Die Zuschauer suchen sich einen Platz, unterhalten sich und juxen gut gelaunt herum. Zwei große Kindergruppen sind mit ihren Sportlehrern da, die ihnen offenbar Sinn und Zweck des Trainings erklären. Die Spieler kehren auf den Platz zurück. Dehnübungen. Kurze Läufe, seitlich, vorwärts, rückwärts, Antrittsübungen, dann langsame Läufe. Es wirkt, als trainierten die Spieler im Schongang. Reynaud hält mühelos mit. Daquin geht zu Danjou und begrüßt ihn. Der ist nicht gerade erfreut, ihn zu sehen, förmlich und kühl. Ab und zu ruft ein Fan einen Spieler beim Vornamen. Einige Zuschauer machen Fotos.

Zweite Aufwärmphase, die gleichen Läufe wie zuvor, diesmal zu zweit, Ball am Fuß. Reynaud übt mit dem Konditionstrainer, das Tempo zieht noch nicht an, die Spieler verströmen große Lässigkeit, die an höfliches Desinteresse grenzt, doch Reynaud kann nicht mehr ganz mithalten. Die Zuschauer schlendern umher. Erneut Dehnübungen. Reynaud verlässt den Platz in Richtung Kabinen. Danjou rührt sich nicht vom Fleck.

Der Trainer versammelt die Spieler am Fuß des Walls, auf dem sich die Zuschauer befinden. Er spricht laut, damit alle ihn hören. Arbeitsthema: schnelle Pässe, nur ein Ballkontakt. Drei Achtergruppen, in kleinen Kreisen, beschleunigte Ballzirkulation. Die Zuschauer sind jetzt mehr bei der Sache, die Spieler auch. Dann grüne gegen orange Leibchen, übers ganze Spielfeld, so viele Pässe wie möglich spielen und dabei den Ball in den eigenen Reihen halten, immer nur eine Berührung, den Ball nie am Fuß führen. Und schlagartig kommt Leben auf den Platz.

Der Ball ist schnell, sehr schnell, das Zuspiel genau, sehr genau, die Spieler rufen einander zu, bewegen sich, geben alles. Sie wirken wie große Jungs, die für ihr Leben gern kicken, nicht so sehr wie echte Profis. Die Zuschauer, mit einem Mal gebannt, kommentieren die Leistungen des einen oder anderen.

Reynaud tritt in blauem Hemd, grauer Hose und Jackett aus den Kabinen. Selbstsicher und aggressiv steuert er direkt auf Daquin zu, den er vom Spielfeld aus entdeckt haben muss. Danjou steht auf und kommt dazu.

»Muss ich Rebellins gestrige Festnahme als Kriegserklärung an den Verein verstehen?«

»Ich denke nicht. Im Übrigen ist Rebellin hier. Ich hätte ihn dabehalten können.«

»Er ist heute Morgen hier, weil ich ihn habe holen lassen. Der Fahrer fand ihn in fast komatösem Zustand vor.«

»Wie sagten Sie doch vorgestern? Ein Räderwerk, das bei der kleinsten Erschütterung nicht mehr ineinandergreift? Monsieur Reynaud, die Informationen, die Sie mir verweigern, muss ich mir wohl oder übel selbst beschaffen.«

»Ich sage es Ihnen ganz ruhig, Commissaire, ich greife zu jedem erforderlichen Mittel, um meine Mannschaft zu schützen, und wenn nötig …«

Danjou fährt dazwischen: »Herr Präsident, man erwartet Sie im Rathaus.«

Das erste Mal, dass ich ihn reden höre. Hinter dem glatten, sachlichen Ton eine gehörige Portion Verärgerung. Über wen? Sicher über mich. Aber auch über Reynaud.

Ohne ein weiteres Wort dreht Reynaud sich um und marschiert in Richtung Parkplatz davon. Danjou mustert Daquin mit feindseligem, zugleich unschlüssigem Blick. Und sagt schließlich: »Der Präsident hat zu viel Arbeit und Sorgen.«

Für diesen Morgen ist das Training zu Ende. Die Spieler ziehen ihre Trainingsanzüge über und reden mit den Zuschauern. Das ist Pflicht. Steht im Vertrag. Nach jedem Training fünf Minuten. Sie tun es mehr oder minder gern. Autogramme, Fotos, hier und da ein Späßchen. Der Trainer begrüßt ein paar Sportlehrer. Rebellin ist von Kindern umringt und nimmt langsam wieder Farbe an.

Um Punkt neun bleiben zwei Frauen um die vierzig, mittelgroß, flache Schuhe, knielange Röcke, sehr gewöhnliche Erscheinung, vor der Tür von Chrysalide stehen. Schlüsselbund. Betreten das Büro, schließen die Tür hinter sich.

Um 11:15 Uhr klingelt ein junger Mann an der Tür von Chrysalide, vielleicht fünfundzwanzig, Jeans, Lederjacke, Motorradhelm, in den Händen einen großen dicken kartonierten Umschlag. Eine der Frauen öffnet ihm, er tritt ein. Kommt zwei Minuten später ohne Umschlag wieder heraus. Sehr wahrscheinlich ein Bote. Le Dem meldet ihn den Außenteams, die ihn übernehmen.

Um elf schaut Dubanchet bei Daquin im Büro vorbei. »Nicht gerade gute Nachrichten. Ich habe einen Freund im Innenministerium. Er rief mich eben an. Besuch von Reynaud im Ministerialkabinett, heute früh. Angeblich bezichtigt er Romero, zusammen mit Nadine Speck und dem Spieler, den ihr gestern geschnappt habt, in Kokaingeschäfte verwickelt gewesen zu sein. Du wüsstest genauestens darüber Bescheid und würdest diesen ganzen Rummel um seinen Verein nur veranstalten, um die Sache zu vertuschen.«

»Tja, Reynaud ist wirklich von der schnellen Truppe. Bis gestern Abend glaubte er noch, die Ermittlung mehr oder weniger unter Kontrolle zu haben. Kaum meint er, es herrscht offener Krieg, findet er binnen Stunden eine Möglichkeit zum Gegenangriff. Wobei er die Probleme seines Spielers ausnutzt, die ihm in jeder Hinsicht zupasskommen. Hut ab.«

»Angeblich steht eine Untersuchung der Dienstaufsicht an. Bist du gewappnet?«

»Wir kennen uns ziemlich lange, da kann ich's dir sagen: nicht ganz. Nicht ganz. Nach Romeros Ermordung hätte ich niemals mit der Ermittlung betraut werden dürfen. Um sie zu behalten, habe ich an seine Rolle im PAMA-Fall letzten November erinnert, bei dem immer noch viele Leichen im Keller liegen, und man hat mich machen lassen. Aber meine Unterlagen sind nicht hieb- und stichfest. Meine einzige Chance liegt darin, dass ich schneller bin als Reynaud. Ist der Direktor im Bilde?«

»Bisher nicht. Es liegt noch nichts Offizielles vor.«

»Wie viel Zeit bleibt mir also deiner Meinung nach, vierundzwanzig Stunden?«

»Sagen wir achtundvierzig, höchstens.«

In der *Brasserie des Sports* gegenüber dem Lisler Rathaus herrscht Mittagsbetrieb. Die Gäste finden sich pulkweise ein, verweilen zunächst an der sehr langen kupfernen Bar, die mit Vereinstrikots und signierten Spielerfotos dekoriert ist, trinken einen Apéritif, kaufen Zigaretten am Tabakstand, steigen dann hinab ins Untergeschoss und schließen am PMU-Schalter ihre Dreierwette ab. Viele Stammgäste, die einander etwas zurufen, Tipps und Ratschläge austauschen oder sich streiten, oft in ganz und gar fremden Sprachen. Andere wechseln nach dem Apéritif in den Restaurantbereich, ein langgestreckter Saal, niedrige Decke mit Spots, gut fünfzig Gedecke, runde und eckige Tische, abgetrennt durch wild wuchernde Grünpflanzen, in dunklen Farbtönen gehaltenes Dekor mit großen Spiegeln an den Wänden, ein recht heimeliges Plätzchen. Ganz hinten auf einer Eckbank sitzt Lavorel und winkt Daquin.

»Setzen Sie sich hierhin, Chef.«

»Und?«

»Telsec hat tatsächlich vor drei Jahren das Sicherheitssystem des Vereins installiert. Bauleiter war ein gewisser Prudent, der nach Abschluss der Arbeiten sein Geld nahm und verschwand. Ich habe ihn über den Berufsverband aufgespürt. Er hat in Lyon seine eigene Firma aufgemacht, und die läuft bombig. Deshalb hat er, als ich ihm sagte, dass wir in drei Mordfällen und wegen Kokainhandels ermitteln und er besser kein Risiko eingehen sollte, nicht lange gezögert und ausgepackt. Reynaud hat die gesamte Telefonanlage des Vereins und der Specks anzapfen und einen Nebenanschluss zu sich nach Hause legen lassen. Diesen Teil hat Prudent allein ausgeführt und so viel Geld kassiert, in bar, dass er sich locker selbständig machen konnte.«

Daquin fährt sich mit dem Daumen über die Lippen, lächelt dann. »Endlich ein konkreter Beweis.«

Gruppen von Angestellten und unteren Führungskräften strömen in mehreren Wellen in den Speisesaal, der ab halb eins brechend voll ist. Léonard trifft ein, blickt sich um, erspäht Daquin, geht zu ihm und setzt sich ihm gegenüber. Der Wirt eilt herbei, begrüßt Léonard, der ihm Daquin und Lavorel vorstellt.

»Was nehmen Sie als Apéritif? Geht aufs Haus.« Zu Daquin: »Was dachten Sie denn – wenn der Vizepräsident des Vereins uns beehrt … An Spielabenden bleibt der Laden offen, wir holen den Fernseher raus, dann tobt hier der Saal …«

Daquin lächelt. »Für mich ein Glas Champagner.«

»Einen Ricard, wie immer.«

»Einen Tomatensaft«, sagt Lavorel.

Léonard scherzt: »Die Sitten haben sich mächtig geändert bei Ihnen im Haus.«

»Das kann man wohl sagen.«

»Und danach? Tagesgericht ist heute Hammelragout.«

»Das ist ausgezeichnet. Dreimal Hammelragout. Und eine Flasche Côtes du Rhône.«

Sobald der Wirt die Apéritifs gebracht hat, kommt Lavorel zur Sache.

»1982 erlebte der FC Lisle-sur-Seine eine Tragödie. Der damalige Präsident, ein Mann namens Berti, Paul Berti, war Besitzer einer großen Kfz-Werkstatt, deren Inventar er von überall her zusammengetragen hatte. Sie lag in der Impasse Miraut, einer Sackgasse am hintersten Ende der Avenue Émile-Zola. Eine recht abgeschiedene Lage, wo aber die Grundstückspreise nicht hoch waren, weshalb er sich vergrößern konnte. Neben dem Fußball und dem FC Lisle, einem gemütlichen kleinen Amateurliga-Verein, für den er sich aufrieb, galt seine Leidenschaft alten Autos. Da er unverheiratet war, verbrachte er jede freie Minute, die ihm die Arbeit in der Vereinsführung ließ, in seiner Werkstatt und schraubte herum. Eines Abends, kurz vor Mitternacht, flickte er gerade einen Chrysler Town and Country 1947 zusammen, so sagte man mir, obwohl ich das kaum glauben kann, dieser Wagen ist ein Vermögen wert … Seine Nachbarn, ein altes Ehepaar, die einzigen Bewohner der Sackgasse, schliefen ruhig in ihrem Häuschen, als sie ihrer Aussage zufolge von einer sehr heftigen Explosion geweckt wurden. Sie liefen in Morgenmantel und Hausschuhen nach draußen und sahen die Werkstatt in Flammen stehen. Sehr hohe, leuchtend gelbe Flammen. Kaum waren sie draußen, stürzte das Werkstattdach ein, und der glühend heiße Luftstrom versengte sie, während ein Funkenregen auf ihr Häuschen niederging. Klugerweise haben sie sich so schnell sie konnten von dem Brand entfernt. Als sie auf die Avenue Émile-Zola kamen, sagen wir, allerhöchstens fünf Minuten nach der Explosion, traf die Feuerwehr ein. Und auch das Überfallkommando. Mit Commissaire Léonard.«

Léonard, steif, angespannt, zeigt keine Reaktion. Der Wirt bringt das Hammelragout.

»Das Häuschen der beiden Alten konnte gerettet werden. Aber von der Werkstatt war nicht das Geringste übrig, und nicht viel von dem Chrysler und von Mechaniker Berti. Eine starke Explosion, eine leuchtend gelbe, sehr hohe Flamme, ein Brand, der sich in weniger als zehn Minuten ausbreitet und ein weitläufiges Gebäude zerstört. Die auf die Berichte der Feuerwehrmänner gestützte polizeiliche Ermittlung kam dennoch zu dem Schluss, dass es sich um einen Unfall handelte. Berti hatte wohl mit dem Schweißbrenner gearbeitet und unglücklicherweise die benzingeschwängerte Luft entzündet.«

Immer noch keine Reaktion von Léonard.

»Er war ein Mann, den jeder hier ins Herz geschlossen hatte. Der Fußballverein sorgte für ein würdiges Begräbnis. Und nach der Beisetzung kam der Vorstand zum Mittagessen hierher. Sie, Léonard, saßen auf demselben Platz wie jetzt.« Treffer. »Und Ihnen gegenüber saß Reynaud, ein kleiner Bauunternehmer, seit zwei Jahren in der Gemeinde ansässig, fußballverrückt, mäßig talentierter Amateurspieler, Fördermitglied des Vereins und ein Jahr zuvor in den Vorstand gewählt. Nach einem Essen, bei dem auch reichlich getrunken wurde, wie immer nach Beerdigungen, kam das Gespräch auf Bertis Nachfolge. Und Sie, Léonard, brachten als Erster Reynauds Namen ins Spiel.«

»Worauf wollen Sie hinaus?«

»Warten Sie's ab. Im Jahr darauf, 1983, fanden Kommunalwahlen statt, und Reynaud, der frisch gewählte Präsident, der den Grundstein zum Aufstieg des FC Lisle-sur-Seine in die höchste Amateurliga gelegt hatte, wurde über eine Liste lokaler Interessenvertreter gewählt, die eigens für ihn gemacht schien. Natürlich eine Minderheitenliste. Aber Stadtrat wurde er trotzdem. 1986 beendet der Verein seine Saison mit dem Aufstieg in die zweite Profiliga. Und dem Bürgermeister widerfährt ein Unglück.«

Der Wirt nötigt Lavorel zum Innehalten, als er die Teller abräumt und fragt: »Was darf's jetzt sein? Apfelkuchen, Birnenkuchen, Crème caramel ...«

»Drei Espresso.«

»Und als Digestif?«

»Für mich Cognac«, sagt Daquin.

»Cognac für alle«, schiebt Léonard nach, und Lavorel hält Protest für nicht angezeigt.

»Ich fahre fort mit dem Unglück des Bürgermeisters, weil ich überzeugt bin, damit auf Ihr Interesse zu stoßen, Léonard. Er kommt ins Gerede wegen einer Sexaffäre mit einer Minderjährigen. In der Sie ermitteln. Über die es jedoch keine Akte mehr gibt. Diese Minderjährige heißt Nadine Speck.«

Daquin unterbricht ihn: »Die Sie nach eigener Aussage kaum kannten – erinnern Sie sich, was Sie mir beim Spiel gesagt haben.«

Lavorel fährt fort: »Und ihr Bruder, Éric Speck, war seit 1980 in Reynauds Firma angestellt. Der Bürgermeister tritt von seinem Amt zurück, und als Nachfolger wählt der Stadtrat Reynaud.«

Lavorel schafft Platz auf dem mit Tassen und Gläsern vollgestellten kleinen Tisch und legt einen Packen Unterlagen darauf.

»Wollen Sie unsere Akte einsehen?«

Léonard ignoriert Lavorel und wendet sich mit gedämpfter Stimme an Daquin: »Was genau wollen Sie von mir?«

Daquin leert sein Glas. »Reden wir Klartext, Léonard. Im Rahmen der Ermittlung zum Mord an Nadine Speck können wir die Geschichte mit dem Bürgermeister jederzeit hervorkramen. Eine Dreizehnjährige, von ihrem Bruder als Prostituierte eingespannt, zu Reynauds größtem Nutzen und mit Ihrem Segen ... Wenn wir noch einen draufsetzen mit einer verdeckten Kampagne über Ihre pädophilen Neigungen, die Ihr Interesse an der B- und D-Jugend erklären ...«

»Dreckskerl.«

»Was meinen Sie, Lavorel? Aus dem Mund unseres ehemaligen Kollegen klingt mir diese Einschätzung stark übertrieben.«

In der großen Brasserie ist es jetzt still, die Lichter wurden gedimmt. Der Wettschalter ist geschlossen. Der Wirt plaudert an der Bar mit zwei oder drei kleinen Alten, die noch verweilen.

»Wir wollen nur Ihre rückhaltlose und ehrliche Kooperation, und um die zu gewährleisten, sichern wir uns ab. Im Gegenzug würde es uns schmeicheln, wenn im Fall einer Krise des Vereins, die wir für sehr wahrscheinlich halten, ein ehemaliger Kommissar die Präsidentschaft übernimmt und für Ordnung sorgt.«

Schweigen, endlos. Kein Laut mehr in der menschenleeren Brasserie. Dann, Auge in Auge mit Daquin: »Einverstanden.«

Lavorel dreht das unangerührte Glas Cognac zwischen den Fingern, sein Blick verliert sich im Bernsteinglanz. Warum muss das immer funktionieren? Lust, ihn anzuspucken.

Daquin nimmt einen Schluck von seinem Cognac. »Sehr gut. Fangen wir gleich an. Woher stammt Danjou?«

»Keine Ahnung. Ich habe ihn immer nur zusammen mit Reynaud erlebt. Als er um 1980 herum seine Baufirma gründete, war Danjou schon sein Fahrer und Mädchen für alles.«

»Leben sie zusammen?«

Léonard zögert. »Im Rahmen der Sanierung des Seineufers hat Reynaud sich auf alten Industriebrachen am Ortsrand ein sehr schönes Haus am Fluss bauen lassen, zeitgleich mit der Vereinsanlage und dem öffentlichen Park. Und in einem Flügel dieses Hauses hat er Danjou einquartiert. Er zeigt sich aber von Zeit zu Zeit auch mit sehr hübschen weiblichen Eroberungen. Ich habe keine Ahnung. Reynaud ist ein äußerst verschwiegener Mensch.«

»Erzählen Sie mir von dem Doping beim FC Lisle.«

»Es kommt vor, wie überall. Die Spieler nehmen das Zeug so oder so, da kann man machen, was man will. Aus Sorge, aus Angst, um durchzuhalten, oder einfach nur, um besser zu sein. Das olympische Motto. Schneller, höher, weiter. Reynaud ist Realist, er wollte sich nicht mit Verboten abmühen, sondern dafür sorgen, dass die Spieler nicht sich selbst oder zwielichtigen Mittelsmännern überlassen sind und irgendeinen Mist nehmen. Um das Risiko zu minimieren, hat er Speck mit der Beschaffung betraut, der immer Hand in Hand mit dem Konditionstrainer gearbeitet hat. Nicht nachweisbare Substanzen wie synthetische Wachstumshormone anstelle der Anabolika früherer Generationen. Substanzen, die sich kaschieren lassen, oder solche, von denen man weiß, wie lange der Körper braucht, um sie abzubauen. Und wenn die Jungs es mit der Dosierung übertrieben, wurde Reynaud immer gleich benachrichtigt.«

»Reynaud in der Rolle des allmächtigen Schöpfergotts. Höchste Lust. Ich frage mich, was er darüber hinaus in der Politik gesucht haben mag.«

»Einen Deckmantel, meiner Ansicht nach. Immerhin hat das System bis zu Specks Ermordung ziemlich reibungslos funktioniert, und ich sehe überhaupt nicht, wo da ein Zusammenhang bestehen könnte.«

»Und das Kokain?«

»Rebellin kokst regelmäßig, das ist ein offenes Geheimnis. Er nahm das Zeug schon in Argentinien, bevor er hierherkam. Er scheint seinen Konsum einigermaßen im Griff zu haben. Zuverlässig im Training, brillant auf dem Platz. Ich habe nie gehört, dass er ausgeflippt wäre. Es würde mich allerdings wundern, wenn er sich im Verein eindeckt. Das würde Reynaud nicht erlauben, nicht Kokain.«

»All das weiß ich, Léonard, und noch etwas mehr. Sie

müssen sich Ihr Präsidentenamt verdienen, und das war kein guter Start.«

Léonard sitzt mit versteinerter Miene da, erwidert nichts.

»Kennen Sie Hernán Delgado Bonilla?« Daquin legt ein paar Fotos auf den Tisch, die Léonard sich kurz ansieht, ohne sonderliches Interesse zu bekunden.

»Reynaud hat ihn mir mal vorgestellt, und ich bin ihm mehrfach auf der Ehrentribüne begegnet, das ist alles.«

»Hat er offizielle Ämter im Verein?«

»Nein, keine.«

»Trotzdem ist er bei Rebellins Wechsel involviert.«

»Es gibt zwar bei Spielerwechseln immer einen Haufen zweifelhafter Vermittler, aber das überrascht mich doch.«

»Erzählen Sie uns von den Transfers beim FC Lisle.«

»Reynaud, und nur er, entscheidet, verhandelt und zahlt. In der Abwehr und im Mittelfeld will er robuste Spieler, robust und opferbereit, er nennt sie Malocher, Wasserträger, Kampfmaschinen. Er ist überzeugt, dass sie die wahre Stärke der Mannschaft ausmachen. Aber vorne braucht es schneidige Typen, Idole, und die tauscht er sehr schnell aus, er tätigt in kurzen Abständen prestigeträchtige Transfers.« Schwaches Lächeln. »Wie bei Nutten in einem Provinzpuff muss man den Bestand fortlaufend erneuern, um dem Publikum Anreize zu bieten.«

Rebellin, Prinz und Nutte. Und total zeitverzögert ein dumpfer Drang: Sam in Deckung bringen.

»Mich interessiert der finanzielle Aspekt dieser Transfers.«

»Es gibt ein spezielles Transferkonto, das Reynaud verwaltet und dessen Stand er einmal jährlich auf der Hauptversammlung bekanntgibt. Das ist ein ganz vernünftiges System, weil die Buchhaltung eine vollkommen andere ist als bei den sonstigen Vereinsgeschäften. Bei den Transfers geht es um enorme Summen. In diesem Jahr voraussichtlich fast fünfhundert Millionen. Gewinne und Verluste ergeben aber nahezu ein Nullsummenspiel. Die Provisionen der Spielervermittler nicht eingerechnet. Und um Kosten zu sparen, arbeitet Reynaud mit nur einem Vermittler, Kojac, ein Ungar.«

»Den hab ich hier noch nie gesehen.«

»Er ist seit zwei Wochen auf Scoutingtour in Brasilien. Er sollte wegen der Pressekonferenz morgen zurückkommen, wurde aber offenbar aufgehalten.«

»Und nirgendwo ein Delgado Bonilla?«

»Meines Wissens nicht.«

»Ist dieses spezielle Transferkonto bei derselben Bank wie die anderen Konten des Vereins?«

»Ja. Bei der SBE. Eine Tochter der Parillaud-Bank. Das ist auch die Hausbank von Reynauds Baufirma. Und der Generaldirektor ist ein Fan des Vereins, der uns stets entgegengekommen ist.«

»Namens?«

»André Martinon.«

Stille. Daquin schließt die Augen. Gefühl, im Nichts zu schweben. Komisch, seit ein paar Sekunden habe ich es geahnt. Wie konnten wir das übersehen? Lavorel hat sich auf seinem Sitz aufgerichtet, glänzende Augen, der Cognac vielleicht, und auf dem Allerweltsgesicht des blonden Brillenträgers ein leicht raubtierhafter Zug. Zum ersten Mal seit vier Tagen.

»Uns interessiert Martinon. Martinon und Delgado Bonilla. Strengen Sie sich an, Léonard, Ihr Überleben hängt davon ab.«

Romero ist seit hunderteins Stunden tot.

12:30 Uhr, Delgado, endlich wach, nimmt ein reichhaltiges Frühstück zu sich und plaudert dabei mit seiner spanischen Putzfrau, die ihn um 14 Uhr verlässt. Um 14:10 Uhr ruft er in Tokio an (Nummer aufgezeichnet). Kurzes Telefonat auf Englisch. Kein Problem, der Transfer von Rebellin findet auf jeden Fall statt, dafür sorgen wir.

Um 14:30 Uhr geht Delgado hinunter in die Tiefgarage. Verlässt sie auf seiner Honda 500 CX Turbo … Erreicht in moderatem Tempo die nahegelegene Place Dauphine, dann die Ringautobahn nach Norden. Und dort zieht er ab, Slalom zwischen den Autos, mit geschätzt hundertfünfzig Sachen. Wir haben ihn verloren. Er kann uns unmöglich bemerkt haben. Wir lassen ein Team zur Überwachung in der Rue Spontini, die anderen kehren zurück zum Quai des Orfèvres.

15 Uhr, Rue Réaumur. Ein Mann erscheint vor der Tür von Chrysalide. Etwas älter, um die vierzig? Robuste Schultertasche aus Plastik, Motorradhelm, vermutlich ein Bote. Klingelt, geht hinein, zwei Minuten, kommt ohne Tasche wieder heraus. Übergabe an die Außenteams.

Lavorel setzt sich ans Steuer, fährt zur Präfektur und sagt zu Daquin: »Wenn Martinon in Reynauds Geschäfte verwickelt ist, bricht ein Gutteil dessen weg, was wir für gesichert hielten …«

»Lavorel, die Sache ist schlimmer. Ich übe Selbstkritik. Ich habe mich in Nadine Specks Sexgeschichten verrannt. Und dass Romero da irgendwie mit drinhängt … Und ich habe Martinon entwischen lassen. Unverzeihlich.«

»Im Grunde haben wir uns auf Romero fixiert. Romero ist eine Familienangelegenheit, die nur Sie und mich angeht.«

»Nicht mehr ganz. Reynaud, der Verbindungen ins Innenministerium hat, will bewirken, dass die Dienstaufsicht Ermittlungen über Romeros Tod und damit über unser gesamtes Team anstellt. Und er hat möglicherweise Argumente dafür.«

»Lassen wir uns nicht zu Fehlern verleiten, Chef. Wir sind auf einem guten Weg, und Reynaud hat keine Ahnung, welche Trümpfe wir in der Hand haben. Betrachten wir den gesamten Fall noch mal wie einen ganz gewöhnlichen Fall. Wir haben eine sichere, feste Basis. Delgado hat zwei der drei Morde in Auftrag gegeben, und das können wir beweisen.«

»Daraus ergeben sich drei Ermittlungsansätze. Die bequemste: die Rue Réaumur. Vielversprechend. Ein quasi ungenutztes Büro, ein Bote einer ganz offiziellen Firma, aber ein namenloser unbekannter Befehlsgeber. Mit ein wenig Geduld finden wir etwas. Ich sehe nachher Richter Bertrand und werde meinen gesamten Bericht auf diese Spur ausrichten, er wird unserer Argumentation ohne

Weiteres folgen. Zweite Stoßrichtung: Reynaud. Heute ist sein Tag. Wir weisen nach, dass er eng mit Delgado zusammenarbeitet, ohne dass das öffentlich bekannt ist, dass er wahrscheinlich schon einen Mord angezettelt hat, den an Berti, und dass er Ort und Zeit der Verabredung von Romero und Nadine Speck kannte.«

»Gekannt haben kann.«

»Nein. Er kannte sie, das steht für mich fest. Meiner Meinung nach hört er täglich die Telefone ab, die Sache mit Sikorsky beweist es. Reynaud ist ein manischer Machtmensch.«

»Hübsch ausgedrückt, aber kein unmittelbarer Beweis.«

»Genau deshalb habe ich vor, dem Richter nichts davon zu erzählen und vorerst abzuwarten. Der Faszinierende bei dem Pärchen ist für mich Danjou. Die Statur eines Möbelpackers und die Fürsorglichkeit einer Amme. Ohne ihn gäbe es Reynaud nicht … Ich frage mich, wo sie sich wohl begegnet sind.«

»Sagten Sie Pärchen? Geht's etwas genauer?«

»Sie leben zusammen, das sieht man auf den ersten Blick. Ihre Vertrautheit. Die Art, wie Danjou Reynaud berührt und wie der sich entspannt. Ich würde zu gern ihre Geschichte erfahren.«

»Die einschlägige Presse schreibt Reynaud eine Vielzahl weiblicher Eroberungen zu.«

»Tarnung. Warum hält er eine Tarnung für nötig, da liegt der Hase im Pfeffer.«

»Das Fußballmilieu vermutlich …«

Zweifelnder Blick zu Lavorel. »Vielleicht … Zu guter Letzt Martinon. In gewisser Weise das Glück eines

Bullen. Mit allem, was wir über ihn wissen, laviert er auf dünnem Eis. Die Pokerabende und die Beziehung Nadine-Romero, ich kann mir Romeros Vergnügen an derlei Sexpartys bestens vorstellen, aber sie können auch frei erfunden sein. Yildiz und Martinon lassen durchblicken, dass Romero ihn wegen Sittenskandalen in der Hand hatte, und zwar seit langem. Aber das kann auch ein Verschleierungsmanöver sein. Erst erzählt er mir nichts, dann serviert er mir Delgado. Warum? Er scheint jedenfalls der Einzige zu sein, der sowohl Nadine als auch Romero kannte und folglich die Möglichkeit hatte, beide zu manipulieren. Jetzt müssen wir nur noch seine Motive finden.«

»Nicht schwer bei einem Banker: Kohle.«

»Warum kompliziert, wenn's auch einfach geht?«

In seinem Büro sichtet Daquin die Nachrichten seiner Teams. Jüngste Information, vom Abhördienst: Um 16:10 Uhr hat Delgado bei Chrysalide angerufen. Eine Frau hat ihm auf Spanisch mehrere Zahlen durchgegeben, in dieser Reihenfolge: 750 200, 267 800, 340 500, 1 358 500, darauf er: »Okay, eine Million und drei«, und dann aufgelegt. Zum Orten war das Gespräch zu kurz. Zu Hause ist Delgado jedenfalls nicht. Daquin wirft einen Blick auf seine Armbanduhr. In nicht mal einer Stunde Richter Bertrand. Macht sich sogleich ans Abfassen seines Berichts, nicht schwierig, alles steht ihm klar vor Augen.

16:45 Uhr, ein Anruf, den der wachhabende Inspektor im Nachbarbüro sofort an ihn durchstellt.

»Chef? Le Dem hier. Der Kerl, dessen Personenbeschreibung Sie heute früh haben verteilen lassen, Sie wissen schon. Der Catcher, der vergessen hat, seine Handschuhe auszuziehen? Er ist gerade im Chrysalide-Büro verschwunden.«

»Ich stelle Ihnen jetzt eine bescheuerte Frage, Le Dem. Sind Sie sicher?«

»So sicher, wie ich eben sein kann. Die Beschreibung passt sehr gut, mehr kann ich Ihnen nicht sagen.«

»Lassen Sie sich bei der Videoüberwachung ablösen, übernehmen Sie die Leitung eines der Außenteams und bleiben Sie unserem namenlosen Catcher auf den Fersen. Wir schicken Ihnen Verstärkung – seit uns Delgado entwischt ist, verfügen wir wieder über Einsatzteams. Lassen Sie regelmäßig von sich hören. Letzter Punkt: Sie haben mich nicht erreicht, ich war schon unterwegs zu meinem Treffen mit Richter Bertrand. Sie haben Ihre Aktion mit dem wachhabenden Inspektor abgesprochen.«

Es ist fast achtzehn Uhr, als der Catcher, der Muck heißt, das Chrysalide-Büro mit einer dicken Nylon-Reißverschlusstasche über der Schulter verlässt. Er geht schnell, rennt die Treppen hinunter, sicherer als die Fahrstühle, und stößt zu einem großen Muskelprotz, der in der Eingangshalle des Gebäudes auf ihn wartet. Gemeinsam überqueren sie die Rue Réaumur und steigen hinten in einen schwarzen Mitsubishi-Geländewagen, der mit laufendem Motor halb auf dem Gehweg parkt. Vorn zwei weitere Muskelmänner. Der Wagen fährt sofort los.

Boulevard de Sébastopol, Boulevard de Magenta, Rue du Faubourg Saint-Martin, Porte de la Chapelle. Der Verkehr ist sehr dicht. Der Fahrer überwacht mit unruhigem Blick Rück- und Seitenspiegel. Muck schaut aus Gewohnheit hin und wieder durch die Heckscheibe, um sicherzugehen, dass ihnen niemand folgt. Aber nicht sonderlich besorgt, der Job ist reine Routine.

Lavorel hängt am Telefon und versucht in den verschiedenen Dienststellen Informationen über Martinon zu sammeln. Nichts, nirgends. Sollte Romero auf irgendwelche kompromittierenden Details aus seinem Privatleben gestoßen sein (was nicht bewiesen ist, Lavorel kritzelt ein paar Sekunden lang Kästchen und Dreiecke aufs Papier), so sind die ein gut gehütetes Geheimnis. Absolvent einer Elitehochschule, verheiratet, drei Kinder in einem Jesuitenkolleg, privates Vermögen, dazu das seiner Frau, ein Stadtpalais am Parc Monceau. Und er zahlt weniger Steuern als ich. Das bürgt heutzutage für Seriosität.

Zudem ist die SBE eine ausgesprochen dynamische Parillaud-Tochter, spezialisiert auf die Finanzierung junger Hochrisiko-Unternehmen. Einer der kühnsten Baumeister der französischen Wettbewerbsfähigkeit. Was natürlich nichts besagt. Welche Bank wirbt schon mit »Geldwäsche und Steuerflucht auf allen Etagen«.

Kurzer Blick auf den Monitor, die Börsenkurse. Die seit über einem Jahr hoch notierte und stabile Aktie von Reynauds RBTP ist im Lauf des Tages eingebrochen.

Daquin hat Reynauds Namen Martinon gegenüber nie erwähnt, doch der hat unverzüglich einen Zusammenhang zwischen Delgado Bonilla und Reynaud hergestellt und wickelt die RBTP jetzt irgendwie ab.

Der wachhabende Inspektor signalisiert ihm: Telefon für Sie oder den Commissaire.

»Stellen Sie durch.« Er hebt ab.

»Hier ist Léonard.«

Knurren. »Lavorel. Ich höre.«

»Reynaud trifft sich morgen um sieben Uhr dreißig im *Royal Monceau* mit Martinon.«

»Interessant.«

Er legt auf. Judas.

A1 Richtung Norden, die Ausfahrt zur Umgehungsstraße ist völlig verstopft, die Autos rollen im Schritttempo. Fahrt durch Garsainville, der Verkehr wird flüssiger. Angrenzend an Agrarflächen eine Großbaustelle: Errichtung eines Schulzentrums mit Mitteln von Département und Region. Die Baustelle wirkt geschlossen. Der Mitsubishi fährt auf holprigen Wegen drumherum. Auf der Rückseite wurde ein Stück Bauzaun entfernt. Der Mitsubishi fährt durch die Lücke aufs Gelände, hinter ihm wird wieder dichtgemacht. Ein Dutzend Männer in Arbeitskleidung stehen angespannt, ohne viel zu reden, um eine Baubaracke. Muck, Nylontasche wieder über der Schulter, geht mit einem seiner Begleiter hinein, die beiden anderen bleiben vor der Tür.

Mehr oder weniger wacklige Tische, ein paar Stühle, ein

Kohleofen. In einem Winkel Geschirr, Bauhelme. Muck räumt einen Tisch frei, setzt sich daran, stellt die Tasche zu seinen Füßen ab, während sein Bodyguard sich in Türnähe in eine Ecke lehnt. Dann zieht er ein schwarzes Notizbuch aus seiner Jackentasche, dicker Pappeinband, Karopapier, und legt es aufgeschlagen vor sich hin. Erste Seite: ein Name, Poirier, in Druckschrift. Muck ruft ihn auf. Der Mann tritt ein. Hinter seinem Namen zwei Zeilen, die Muck vorliest: »Siebzehn-Mann-Schicht, zehn Arbeitstage.« Und eine Zahl: »Achtzigtausend Franc. Sind wir uns einig?« Der andere nickt stumm. Muck beugt sich zur Tasche hinunter, öffnet sie, holt Bündel gebrauchter Scheine heraus, zusammengehalten von knallbunten Banderolen, auf die von Hand Zahlen geschrieben sind, zählt die Bündel. »Hier sind achtzigtausend. Willst du nachzählen?« Poirier winkt ab. »Unterschreib hier«, er schiebt ihm das Buch hin.

Binnen einer knappen halben Stunde kommen die Männer einer nach dem anderen, um ihr Geld zu holen, und Muck räumt die Tasche so gut wie leer. Dreizehnte Seite, ein Name, Hamelin, und eine Zahl, 150 000, dick schwarz umkringelt. Muck ruft Hamelin, der flankiert von den beiden muskelbepackten Türwächtern hereinkommt. Kaum drinnen, packen sie seine Arme und drehen sie ihm auf den Rücken. Hamelin protestiert schwach, schon resigniert. Muck steht auf, zieht ein Schnappmesser aus der Tasche, zwei Schritte zu Hamelin, lässt die Klinge herausspringen, entblößt blitzartig Hamelins Bauch, ein wenig fett, weiß, einige graue Härchen oberhalb des Hosenbunds, und verpasst ihm in einer einzigen Bewegung auf Gürtelhöhe einen langen Schnitt. Hamelin krümmt sich schreiend, Blut fließt in Strömen über seine Hose und tränkt das Hemd, das Muck über die Wunde fallen lässt.

»Du hast uns bestohlen, du hast Männer angegeben, die gar nicht gearbeitet haben. Nächsten Montag um acht bringst du uns hundertfünfzigtausend Franc, oder ich finde dich und schlitz dich auf. Das heute war nur eine Warnung. Kapiert?«

Hamelin, immer noch zusammengekauert, stöhnt. Muck packt ihn im Genick und schlägt sein Gesicht brutal gegen den Ofen, dann lässt er ihn los. Hamelin stürzt zu Boden.

Muck wischt die Klinge seines Messers an dem blutigen Hemd ab, steckt es zurück in seine Tasche, nimmt das schwarze Notizbuch und die Nylontasche, dann verlassen die vier Männer die Baracke.

Le Dem hockt im ersten Stock des Rohbaus im Schutz einer Betonbrüstung, holt sein Walkie-Talkie heraus und vergräbt sich in seine Jacke.

»Sie steigen in den Mitsubishi. Sie kommen gleich raus. Verliert sie nicht. Sie haben einen Mann in der Baracke zurückgelassen. Ich geh hin und sehe nach. Lasst mir einen Wagen zur Unterstützung da.«

Als der Mitsubishi weg ist, zählt er mit gespitzten Ohren langsam bis zwanzig. Im Halbdunkel eine von Rascheln durchbrochene Stille, schwer zu identifizierende Geräusche, das Rieseln von Wasser, von Sand? Eine flatternde Plane, Vögel? Bestimmt gibt es Wachmänner auf dieser Baustelle, vielleicht mit Hunden, aber die brauchen sicher eine Weile, bis ihre Runde sie auf diese Seite führt. Der Augenblick ist günstig, halt dich ran.

Le Dem steigt hinunter und eilt zur Baracke, ein anhaltendes jämmerliches Stöhnen. Mach dich locker, dir kann nichts passieren. Er öffnet die Tür und geht hinein. Im Dunkel neben dem Ofen ein Haufen, von dem das Stöhnen kommt. Er nähert sich dem Mann, berührt ihn an der Schulter.

»Was machen Sie hier?

Das Stöhnen verstummt. Eine krächzende Stimme: »Nichts, ich mache nichts, ich bin gleich weg.«

»In diesem Zustand würde mich das wundern.« Le Dem kniet sich neben den Verletzten, befühlt sein Gesicht, klebrig, seine Kleidung, steif von Blut. »Sie sind übel zugerichtet, ich bringe Sie ins Krankenhaus.«

»Mir ist nichts passiert, lassen Sie mich.«

»Ich hab schon verstanden. Sie sind ausgerutscht und über irgendwelche Werkzeuge gestolpert. Arbeitsunfall. Aber hier bleiben Sie nicht, Sie sind am Verbluten, ich bin der Wachmann und will keinen Toten auf meiner Baustelle.«

Er richtet sich auf, nimmt sein Walkie-Talkie. »Ein Verletzter, wir verlassen die Baustelle, holt uns ab.«

Der Mann brummt etwas Unverständliches. Le Dem fasst ihn unter den Achseln, zieht ihn hoch, legt sich seinen Arm über die Schulter, schleppt ihn bis zum Bauzaun, schiebt ihn dann auf die Rückbank des Wagens, der sie erwartet hat und sofort losfährt.

Le Dem hat sich hinten neben den Verletzten gesetzt. Er beugt sich zu den beiden Männern auf den Vordersitzen: »Ins Hôtel-Dieu, was meint ihr?« Sie nicken, und ab Richtung A1.

Le Dem unterzieht den Mann, der im Moment offenbar schläft, einer eingehenden Untersuchung. An Stirn und Augenbrauenbogen stark blutende Platzwunden. Ist die Nase eingedrückt? Aber das hier ist ernster. Le Dem hebt das blutstarrende Hemd an. Eine geradlinige Schnittwunde quer über den Bauch. Sieht dramatisch aus, aber keins der darunter liegenden Organe scheint getroffen. Eine Einschüchterungsnummer. Und sie hat gefruchtet. Der Angstschock wiegt vermutlich weit schwerer als seine Verletzungen.

Auf der A1 beschleunigt der Wagen. Der Kopf des Mannes kippt nach hinten, Blut läuft ihm in den Rachen, er verschluckt sich, Brechreiz, er speit einen Schwall zwischen seine Füße auf den Boden. Das scheint ihn etwas wach zu machen. Der Wagen passiert die Stadtgrenze nach Paris.

Der Mann entdeckt Le Dem. »Wer sind Sie?«

Breites Lächeln. »Polizei.«

Der Mann macht Anstalten zu flüchten. Le Dem drückt ihn immer noch lächelnd in den Sitz zurück.

»In Ihrem Zustand würden Sie nicht weit kommen. Sie sind im Begriff zu verbluten.« Er gibt dem Fahrer ein Zeichen, der Wagen hält in einem menschenleeren dunklen Sträßchen nahe der Hochbahn. »Wir bringen Sie ins Krankenhaus.« Er hält kurz inne. »Sobald Sie uns erzählt haben, was in der Baracke passiert ist. Wenn ich Sie wäre, würde ich nicht zu lange warten.«

Mehr als die Hälfte der Arbeiter einer RBTP-Baustelle seit Monaten schwarz bezahlt, als Mittelsmann dieses Tier namens Muck. Die Orte, die Daten, die Namen der Vorarbeiter, die Summen, um die es geht. Anständige Löhne, alle haben dichtgehalten, aber Drohungen und Gewalt quasi allgegenwärtig, bis hin zur Messerattacke heute Abend. Aussage gezeichnet Hamelin. Daquin klappt die Akte zu.

»Ich habe nicht viel dazu beigetragen«, sagt Le Dem schnell. »Muck hat ihm solche Angst eingejagt, dass seine Widerstandskraft gleich null war.«

Daquin hinter seinem Schreibtisch sieht Le Dem und Lavorel an. »Muck und seine Muskelmänner sind momentan in einer Brasserie in Cergy-Pontoise und vernichten größere Mengen Bier und Sauerkraut. Mehrere unserer Teams sind vor Ort. Sie können uns unmöglich durch die Lappen gehen. Die Frage ist eher: Was fangen wir damit an? Was meinen Sie, Le Dem?«

»Ich weiß nicht. Ein kleiner Teil der Geschichte ist für uns ganz klar, ganz eindeutig. Bei Delgados Chrysalide läuft Schwarzgeld zusammen, von dem wir denken, ohne es beweisen zu können, dass es sich um Drogengeld handelt, das über Reynauds Firma gewaschen wird. Die RBTP bedient sich der bei Chrysalide verfügbaren Barmittel, um im großen Stil Schwarzarbeit zu betreiben und auf diese Weise ihren Profit quasi zu verdoppeln. Aber besteht auch nur der geringste Zusammenhang zwischen dieser Geschichte, den Morden und dem FC Lisle?«

»Es besteht zwangsläufig ein Zusammenhang zwischen

Chrysalide und dem FC, da dieselben Akteure in Erscheinung treten, Reynaud und Delgado Bonilla.«

Lavorel übernimmt: »Denken Sie an die Spielertransfers. Riesensummen in der Größenordnung von dreißig bis fünfzig Millionen für einen einzigen Abschluss, die mehrmals jährlich hin- und hergeschoben werden, und jedes Mal über Grenzen hinweg, mit Ländern wie Brasilien, Kolumbien, Rumänien, Jugoslawien oder selbst Japan … Unmöglich nachzuverfolgen. Ideale Geschäfte, um Schwarzgeld zu waschen und auf Reisen zu schicken. Und bei RBTP wie beim FC Lisle findet sich dasselbe Zwischenglied: die SBE …«

»… und Martinon. Ahnungslos oder Komplize, was meinst du?«

»Was die Geldtransfers angeht? Komplize natürlich. Wie alle Banker. Kennst du einen einzigen Banker, der auf die Durchführung einer großen Finanztransaktion verzichten würde, nur weil sie ihm illegal erscheint?«

»Ich kenne überhaupt keinen Banker«, sagt Le Dem lächelnd. »Und ich verstehe immer noch nicht, was Nadine Speck bezweckte, als sie sich mit Romero verabredet hat.«

»Nadine Speck, die zugegebenermaßen eine ziemlich harte Jugend hatte zwischen ihrem inzestuösen Zuhälterbruder, ihren zahlreichen mehr oder minder perversen Bezahl-Lovern und ihren Depressionen nach jedem Schuss, bricht zusammen, als sie erfährt, dass sie mit neunzehn Jahren HIV-positiv ist, und beschließt, ein großes Finale hinzulegen, indem sie alle Mann an Romero verrät, dem sie auf einem Pokerabend begegnet und rettungslos verfallen ist.«

Gelächter.

»Lavorel, Sie sollten umsatteln auf volkstümliches Melodram für kesse junge Mädchen.«

Ein paar Minuten Entspannung, dann Daquin: »Eine Version à la Reynaud ist nach wie vor denkbar, nach dem Motto: Nadine Speck und Romero waren in Levallois verabredet, um Rebellin mit dem Kokain in eine Falle zu locken und zu erpressen.«

Le Dem steht verärgert auf, marschiert zweimal durchs Büro. »Ich habe nie geglaubt, dass Romero Nadine Speck kannte, das sagte ich Ihnen schon. Und all die neuen Puzzleteile – die Geschäftsbeziehungen zwischen Reynaud und Delgado, die gigantischen Geldströme, die sich jetzt herauskristallisieren – geben mir recht. Die zwei Kokaintütchen sind ein Witz neben den Hunderten von Millionen, die hier im Spiel sind. Sie sollten aufhören, sich verrückt zu machen.«

Daquin und Lavorel werfen sich einen Blick zu.

»Ab sofort ziehen wir die Möglichkeit, Romero könnte in irgendwelche Geschäfte mit Nadine Speck verwickelt gewesen sein, nicht mehr in Betracht. Unser einziges Problem liegt von jetzt an darin, schnell genug an die Geldwäschekanäle heranzukommen, um der Dienstaufsicht keine Erklärung zu schulden. Heute Nacht haben Sie sich das Recht aufs Kaffeemachen erworben, Le Dem.«

Aufs Kaffeemachen und auf das Nutzen der Möglichkeiten, die damit verbunden sind: einer Diskussion den Takt vorzugeben, Pausen herbeizuführen, den Gabentausch zu eröffnen. Oder vielmehr verbunden waren. Wird es nach der Festnahme von Romeros Mördern in spätestens ein paar Tagen noch ein Ermittlerteam geben? Le Dem stellt sich derlei Fragen nicht, er geht zur Espressomaschine und holt die Tassen aus der Anrichte.

Daquin fährt fort: »Nadine verabredet sich mit Romero, um Delgado oder Reynaud hochgehen zu lassen oder vielleicht Martinon. Zum Vorteil von einem der drei.«

»Sie kann auch versucht haben, Romero in die Falle zu locken, damit Martinon ihn los ist, falls er ihn erpresst hat. Was wir nicht sicher wissen.«

Kaffeepause, Schweigen. Dann greift Daquin den Faden wieder auf: »Zu dieser nächtlichen Stunde bleibt nur eine Frage: Was unternehmen wir jetzt unmittelbar? Um den Geldwäschekreislauf besser nachvollziehen zu können, müssen wir uns auf die Lauer legen und abwarten. Doch je länger wir warten, desto größer das Risiko, dass uns Muck und Delgado entwischen. Delgado haben wir im Übrigen noch nicht wieder aufgespürt.«

»Muck und Chrysalide scheinen ganz normal weiterzuarbeiten. Meiner Meinung nach können wir durchaus noch etwas warten. Zumindest bis Delgado wieder auftaucht, bei dem nichts darauf hindeutet, dass er lange wegbleibt.«

»Mir will nicht in den Kopf, dass Reynaud seinen Muck nicht gleich nach Erscheinen des *Sports Infos*-Artikels heute früh aus dem Verkehr gezogen hat.«

»Reynaud ist dermaßen daran gewöhnt, seinen Spielern, seinen Bullen, seinen Proleten, seinen Schlägern, seinem Liebhaber Befehle zu erteilen, er fühlt sich durch seine politischen Fürsprecher derart vor Strafe geschützt, dass er ganz einfach leichtsinnig ist. Gipfelrausch. Er ist überzeugt, den Verlauf der Ermittlung unter Kontrolle zu haben. Und stolz, dass er Sikorsky die Fresse hat polieren lassen.«

»Ich bin nicht dafür, die Sache allzu lange hinzuziehen. Wir erfahren auf diese Weise vielleicht mehr über Muck, aber es wird schwierig, wenn nicht unmöglich, uns von Chrysalide zu den Netzwerken des Kokainvertriebs und der Geldbeschaffung vorzuarbeiten. Meiner Meinung nach sind das von Delgado gesteuerte Finanznetz und das Vertriebsnetz getrennt funktionierende Einheiten. Andernfalls hätte Delgado Handlanger der Dealer als Killer eingesetzt und nicht unsere zwei Armleuchter. In die andere Richtung, also von Chrysalide hin zu den großen Geldwäscheoperationen, besteht, wenn wir schnell machen, vielleicht die Chance, auf der einen oder der anderen Seite Unterlagen zu konfiszieren und über die SBE ein paar wichtige Kanäle zu zerschlagen.«

»Wir brauchen Richter Bertrand.«

»Bedingt. Momentan müssen alle unsere Aktionen strikt im Rahmen der Mordermittlung bleiben. Das ist kein Problem. Delgado Bonilla wurde als Auftraggeber der ersten beiden Morde identifiziert. Zwischen ihm und Chrysalide gibt es eine Verbindung, was eine Hausdurchsuchung rechtfertigt, um herauszufinden, ob das Auftragsgeld von dort stammt, wobei wir natürlich auch anderes finden können. Muck hat ebenfalls mit Chrysalide zu tun, und Sikorsky behauptet, dass er beim dritten Mord in der Nähe war. Es ist logisch, dass wir nach ihm suchen, um ihn zu vernehmen. Wenn wir ganz nebenbei herausfinden, dass er unter Reynauds Kommando arbeitet, wird dessen Lage misslich genug, dass ich beim Richter einen Durchsuchungsbeschluss beantragen kann und ihn auch bekomme, um festzustellen, ob er die Telefonate des Vereins und der Specks abgehört hat oder nicht.«

»Ich finde Sie mit einem Mal sehr optimistisch, Chef.«

Blick auf die Armbanduhr. Romero ist seit hundertneun Stunden tot.

»Nehmen wir uns den morgigen Arbeitsplan vor.«

Sechster Tag

Dienstag, 8. Mai 1990

Martinon verlässt sein Stadtpalais durch den Garten. Ein Tor im Gitterzaun, schon ist er im Parc Monceau. Sieben Uhr morgens, der Tag ist kühl und schön. Der Gang durch den menschenleeren Landschaftsgarten bereitet ihm großes Vergnügen. Kurzer Halt vor dem Patrizierhaus Ecke Avenue Van-Dyck, dieses kleine Juwel aus der Zeit Napoleons III. grüßt er wie einen alten Bekannten. Symbol einer Epoche und eines sozialen Aufstiegs. Ein wenig wie sein eigener. In diesem Park fühlt er sich heimisch. Dann Avenue Hoche – breit, streng, weiter Blick – bis zum Hôtel Le Royal Monceau.

Martinon ist Stammgast in der *Rotonde*, dem Restaurantbereich im Innenhof des Hotels. Der Oberkellner heißt ihn willkommen und geleitet ihn zu seinem Tisch am Fenster, auf halber Höhe zwischen Eingang und

Küche. Er setzt sich. Soll Reynaud nur kommen, er, Martinon, ist hier in seinem Revier.

Lavorel und Marsal, die Martinon nicht kennen, warten draußen, bis Reynaud erscheint, folgen ihm ins Hotel, durchqueren die Empfangshalle, weißer Marmor, indirektes goldenes Licht, und gelangen in die *Rotonde*, eine Art großes rundes Treibhaus in einem künstlichen Garten, umschlossen von einem starren Ensemble trister Gebäude. Alles ist in Rosa- und Grüntönen gehalten, Teppichboden und Vorhänge mit Blümchenmuster, rosa Tischtücher, rosa und weiße Rohrsessel im nachempfundenen Régencestil. In der Mitte rings um eine mit protzigen Spiegeln verkleidete Säule ein üppiges kreisrundes Buffet. Noch sind wenige Tische besetzt. Reynaud durchquert den Raum. Tweedjackett über einem grünen Lacoste-Hemd und flaschengrüne Hose. Zwischen all diesen Männern in dunklen Maßanzügen, die bei einem »kleinen Arbeitsfrühstück« in gedämpfte Gespräche vertieft sind, wirkt er eindeutig deplatziert. Er steuert auf einen Tisch zu, an dem ein einzelner Mann sitzt, langes, schmales, blässliches Gesicht, der ihm zulächelt und ihn begrüßt. Martinon. Und einer der Nebentische ist frei. So braucht man immerhin kein Mikro. Lavorel und Marsal setzen sich und tun ihr Bestes, um mit dem Hintergrund zu verschmelzen.

Ein Kellner bringt elegante Thermoskaffeekannen. Martinon und Reynaud gehen ans Buffet und bedienen sich. Lavorel und Marsal ebenso. Rührei, gebratener Speck, Aufschnitt, Käse. Und mehrere Sorten Brot. Nach und nach füllt sich der Raum.

Sowie Reynaud wieder am Tisch sitzt, kommt er zur

Sache: »Ich habe nicht viel Zeit, Martinon. Ich wollte mit Ihnen über den Absturz der RBTP-Aktie reden. Warum fällt der Kurs?«

Martinon sieht höchst verwundert aus. »Warum fragen Sie das mich?«

»Ich kenne die Aktionärsstruktur von RBTP genau. Ohne grünes Licht von Ihnen oder mir kann der Kurs kaum einbrechen. Und ich habe nichts veranlasst.«

»Ich habe ebenfalls nichts veranlasst.«

Ziemlich langes Schweigen, während Reynaud auf seinen Teller blickt und mit seinem Rührei spielt.

»Ich nehme das zur Kenntnis. Wir können die Situation nicht so belassen, ohne zu riskieren, dass scharenweise ausländische Investoren aufkreuzen, woran weder Ihnen noch mir gelegen ist. In diesem Punkt decken sich unsere Interessen.«

Schweigen. Martinon zeigt keine Reaktion.

Reynaud fährt fort: »Wir müssen eine gemeinsame Gegenoffensive starten. Ich kann bei der SBE die nötigen Kredite aufnehmen, um den Kurs wieder zum Steigen zu bringen, und zahle sie Ihnen später über eine unserer Niederlassungen zurück.«

Endlich entschließt sich Martinon zu einer Äußerung. »Das wäre im Fall eines konjunkturellen Kursrückgangs eine denkbare Lösung. Aber Sie wissen sehr gut, dass etwas anderes dahintersteckt.«

»Gar nichts weiß ich.«

Martinon sieht ihn ungläubig an. »In Finanzkreisen geht das Gerücht, dass Sie persönlich in einen Skandal verwickelt sind, der jeden Moment auffliegen wird.«

»Ein Skandal … Ich soll in einen Skandal verwickelt sein, von dem die SBE verschont bliebe?«

»Das hoffe ich doch sehr. Nach dem, was ich höre, geht es um zwei Morde im Umfeld Ihres Clubs, deren Spur bis zu Ihnen führen soll. Ich werde die SBE mit allen Mitteln vor möglichen Auswirkungen schützen, verlassen Sie sich darauf.«

Haben die Ermittler gezielt etwas durchsickern lassen? Meines Wissens sind sie nicht an mir dran, und überhaupt: aus welchen Beweggründen sollten sie so etwas tun? Wahrscheinlicher ist, dass Martinon die Gelegenheit beim Schopf packt: Morde gab es ja im Dunstkreis meines Vereins. Er setzt dieses Gerücht in die Welt, um meine Position zu schwächen und seine zu stärken. Was, wenn er selbst hinter dem Mord an Nadine Speck steckt?

In gleichgültigem Ton: »Sie spielen ein sehr gefährliches Spiel, Martinon. Wir sind untrennbar miteinander verbunden, daran können Sie nichts mehr ändern. Ich habe ebenso viele Druckmittel gegen Sie wie Sie gegen mich. Und die Rolle des Sündenbocks liegt mir nicht.«

Martinon gibt keine Antwort.

Reynaud trinkt seinen Kaffee, sieht auf seine Uhr. Schon halb neun. Legt seine Serviette hin, steht auf. »Bis bald, lieber Freund.«

Martinon sieht ihm ohne ein Wort, ohne eine Regung nach. Als Reynaud die *Rotonde* verlassen hat, steht er auf, geht zum Buffet, nimmt sich Quark, frischen Obstsalat, zwei Scheiben Teekuchen, geht zu seinem Tisch zurück und frühstückt in aller Ruhe zu Ende.

Lavorel vertilgt eilig seine Schokoladenküchlein. Gefährlich, dieser Martinon. Er nutzt unsere ganze Arbeit auf meisterliche Weise für seine Zwecke. Und er zwingt unserer Ermittlung sein Tempo auf. Mit der Erwähnung eines direkten Zusammenhangs zwischen Reynaud und den Morden nötigt er uns zu sofortigem Handeln, wenn wir nicht alles verlieren wollen. Trödel hier nicht rum.

Avenue Parmentier, ein kleinbürgerliches, sehr klassisches Gebäude, hier bewohnt Muck eine behagliche Vierzimmerwohnung im zweiten Stock. Um neun Uhr Klingeln an der Tür, eine barfüßige junge Frau im Bademantel, das gebleichte Blondhaar oben auf dem Kopf zu einem lässigen Pferdeschwanz gebunden, öffnet mit einem Lächeln. Vier Polizeiinspektoren drängen sie beiseite, stürmen in die Wohnung und weiter ins Schlafzimmer, wo Muck im T-Shirt mit geballten Fäusten schläft, das Bier von letzter Nacht wirkt noch nach. Problemlose Festnahme. Die Polizisten wecken ihn, indem sie ihn auf die Füße stellen, helfen ihm unsanft beim Anziehen, dann, Hände in Handschellen auf dem Rücken, schneller Abgang über die Treppe und rein ins Auto, Richtung Präfektur.

Zwei Inspektoren bleiben und durchsuchen systematisch die Wohnung. Schwere dunkle Möbel, poliertes Holz, rote Tapeten, Teppichböden und Läufer. Küche und Bad topmodern. Alles ist picobello sauber und aufgeräumt. In einem kleinen Sekretär im Wohnzimmer das Stammbuch, Muck ist seit fünf Jahren mit der Blonden verheiratet, Lohnabrechnungen, er ist seit sechs Jahren Angestellter bei RBTP, Lohnzahlungen von etwa vierzigtausend Franc monatlich, beachtlich für einen Polier, Kontoauszüge, sorgfältig mit Häkchen versehen, Steuerunterlagen und zwei Spendenbescheinigungen einer Fernseh-Wohltätigkeitsgala. Ein Musterpärchen. Und ein kleines schwarzes Notizbuch mit dickem Pappeinband, zusammengehalten von einem Gummiband, mit Namen, Zahlen, Unterschriften. Eine Fundgrube. Die Polizisten sammeln alles ein, trösten die Blonde notdürftig (Ihrem Mann wurde kein Schaden zugefügt. Nutzen Sie die Gelegenheit, machen Sie sich eine schöne Zeit, Sie haben ihn schneller wieder, als Ihnen lieb ist, Sie werden sehen …) und fahren zurück zur Präfektur.

Rue Réaumur, um 9:15 Uhr klingelt Le Dem, Motorradhelm unterm Arm, an der Tür des Chrysalide-Büros. Eine dicke Frau öffnet die Tür einen Spalt und murrt: »Zu früh.«

Er lächelt sie an, drückt die Tür mit der Schulter auf und betritt den Raum, gefolgt von drei weiteren Polizisten, darunter Inspecteur Montserrat, Sohn eines spanischen Flüchtlings. Die dicke Frau bricht in lautes Weinen aus, und die andere, die im zweiten Raum geblieben ist, tut es ihr sogleich nach.

Montserrat sagt hastig auf Spanisch: »Polizei. Hören Sie auf zu weinen. Setzen Sie sich, rühren Sie sich nicht vom Fleck, und es passiert Ihnen nichts.«

Die Frauen sind starr vor Angst. Der sehr dunkle Teint

ihrer Gesichter hat sich grünlich verfärbt. Im ersten Büro ein winziger Tisch, zwei oder drei Billigkulis, um die Empfangsquittungen für die Boten zu unterschreiben, sonst absolut nichts. Das zweite Büro ist ein bisschen größer und weitgehend ausgefüllt durch einen großen Tisch, auf dem drei Stiftkästen stehen, ein Ablagekorb aus orangefarbenem Plastik sowie eine Unmenge hinreißend altmodisches Büromaterial. Schachteln mit Büroklammern, Döschen mit Gummibändern, bonbonfarbenes Klebeband, ein paar schwarze Filzer, Gummifingerhüte, Schwämmchen und Packen brauner Kraftpapierumschläge in verschiedenen Größen. In einer Ecke ein uraltes schwarzes Bakelittelefon. Als einzige Beleuchtung zwei Neonröhren über dem Tisch. Die Rollläden sind sorgsam verschlossen. In einer Ecke eine kleine Spüle, ein Gaskocher, auf dem gerade Wasser erhitzt wird – Le Dem schaltet ihn aus, vielleicht später –, Tassen, ein Glas löslicher Kaffee und eine Packung Croissants. Die gesamte gegenüberliegende Wand nimmt ein Metallschrank ein, den Le Dem öffnet. In den Borden etwa ein Dutzend Bündel gebrauchter Banknoten, zusammengehalten von knallbunten Papierbanderolen mit je einer Zahl in schwarzer Tinte darauf. Und ein mit Zettelpäckchen gefüllter kleiner Pappkarton: die mit Büroklammern aneinandergehefteten Quittungsdurchschläge der Boten. Keine Schubladen, kein Geheimfach. Keine Spur einer wie auch immer gearteten Buchführung.

Le Dem geht zurück in den ersten Raum. Die beiden Frauen sitzen auf Stühlen, ihre weiten Röcke reichen ihnen bis zu den Füßen. Sie haben die Hände im Schoß gefaltet und sprechen sehr schnell, manchmal gleichzeitig, auf Montserrat ein, der vor ihnen kniet, aufmerksam, beschwichtigend. Ab und zu wischt die eine oder die andere sich eine Träne weg.

Le Dem nimmt einen Stuhl, setzt sich dazu.

»Sie sind vor Angst fast gestorben«, sagt Montserrat. »Sie waren Hausangestellte bei einer Großfamilie in Cali, die sie für ein Jahr hierher geschickt hat, aber ihre eigene Familie ist vollständig dort geblieben. Sie wissen genau, dass es sich um Kokaingeld handelt, aber zum Reden haben sie zu viel Angst.«

»Wie dem auch sei, sie haben nicht mehr groß die Wahl. Ihre Chefs werden erfahren, dass das Büro von der Polizei dichtgemacht wurde, dagegen können sie nichts tun. Wenn sie uns hier und jetzt alles erzählen, was sie wissen, führen wir in der Präfektur eine offizielle Vernehmung durch – wenn sie wollen, in Anwesenheit eines Botschaftsmitglieds –, bei der sie uns nichts verraten werden, und nach einem kurzen Gefängnisaufenthalt veranlassen wir auf Druck ihrer Botschaft, dass sie nach Kolumbien zurückgeschickt werden. Weigern sie sich aber, jetzt offen mit uns zu reden, lassen wir sie augenblicklich mit bestem Dank frei und streuen das Gerücht, sie hätten das Büro auffliegen lassen, um Unterschlagungen zu vertuschen. Die Entscheidung liegt bei ihnen …«

Palaver. Die Frauen werfen Le Dem verstohlene Blicke zu.

»Es kann losgehen«, sagt Montserrat. »Fang an, ich übersetze.«

»Wer bringt das Geld?«

»Boten. Immer nur Boten.«

»Wer holt es ab?«

»Nur eine Person, ein großer Kerl, Franzose, der wie ein Boxer aussieht.«

»Sonst haben sie zu niemandem Kontakt?«

»Doch. Zu einem Kolumbianer, aber nur telefonisch. Er ruft jeden Tag an, sie geben ihm die Summen durch, die sie in Empfang genommen haben, in der Reihenfolge des Eintreffens. Er nennt ihnen die Summe, die sie dem Franzosen beim nächsten Mal auszuhändigen haben. Sie haben ihn nie gesehen, kennen nur seinen Namen: Rodrigo Rodriguez, und haben keine Möglichkeit, ihn zu erreichen.«

Rodrigo Rodriguez, nicht sehr einfallsreich.

»Welche Summe wickeln sie pro Woche in etwa ab?«

Eine der beiden Frauen überlegt, rechnet im Kopf.

»Pro Woche etwa zwei Millionen.«

Die versammelten Polizisten sehen einander an. Das entspricht ungefähr vier Kilo Schnee pro Woche und hundert Millionen Franc pro Jahr. Das ist viel. Blick auf die schäbigen Büros, die beiden Frauen mit den gefalteten Händen … Erste Reaktion: Angst. Wir hatten bei Einsatzbeginn keine Ahnung, worauf wir hier stoßen würden. Unverzüglich die Wirksamkeit der Sicherheitsmaßnahmen überprüfen. Ziviler Streifenwagen vorm Haus, Videoüberwachung des Flurs im vierten Stock. Zusätzlich aktivieren wir die Kamera in der Eingangshalle und alarmieren den Hausverwalter, damit wir gegebenenfalls den Fahrstuhl blockieren können. Sechs

Polizisten, Walkie-Talkies und Telefon, mehr können wir nicht tun.

»Wie kann es sein, dass solche Summen nicht besser geschützt werden? Waren nie bewaffnete Männer hier?«

»Sie haben nie welche gesehen. Das Geld kommt in kleinen Päckchen und geht jeden Abend fast vollständig wieder raus. Das Büro ist schon länger im Einsatz. Letztes Jahr sind zwei ihrer Nichten hergekommen, um den Job zu machen. Waren aber zu jung. Nicht standfest, und just mit bewaffneten Männern kam es zu Problemen. Über die zu reden sie sich entschieden weigern.«

Zweite Reaktion: Reichen die RBTP-Baustellen aus, um all dieses Geld in Umlauf zu bringen? Doch zur Beantwortung dieser Frage tragen die beiden Frauen nichts bei.

Nach Rücksprache mit der Präfektur, die Verstärkung schickt, beschließt man abzuwarten, ob weiterhin Geld gebracht wird. Und alle sehen irgendwie zu, dass sie die Zeit herumbringen.

Nach etwa einer Stunde meldet das unten auf der Lauer liegende Team, dass ein einzelner Bote das Gebäude betreten hat. Le Dem postiert sich auf dem Treppenabsatz mit Blick auf den Fahrstuhl, der im Vierten hält. Ein Mann steigt aus, geht zum Chrysalide-Büro, klingelt. Walkie-Talkie. Eine der Frauen öffnet, nimmt von dem Boten einen ziemlich kleinen Karton entgegen, quittiert den Empfang. Der Bote steigt wieder in den Fahrstuhl, und Le Dem kehrt zurück ins Büro.

»Machen Sie es genau wie immer.«

Die beiden Frauen kippen den Kartoninhalt in die Mitte des großen Tisches. Ein Haufen gebrauchter Francscheine, zerknittert, gefaltet, Hunderter, Zweihunderter oder Fünfhunderter. Manchmal, selten, Dollar oder Deutsche Mark. Sie setzen sich einander gegenüber an den Tisch. Zuerst ordnen. Dicke, mit Gummibändern zusammengehaltene Packen von geglätteten, nach Wert sortierten Scheinen machen. Dann zählen. Bündel aus hundert, fünfzig oder zwanzig Scheinen, je nach Wert, in Banderolen wickeln und nochmals gründlich zählen, die Summe mit schwarzer Tinte auf die Banderole geschrieben, dann in den Schrank geräumt, ein Fach für die Fünfhunderter-, eins für die Zweihunderter- und eins für die Hunderterbündel.

Le Dem sieht den Frauen zu. Diese Packen gebrauchter Scheine, ordentlich nach Wert sortiert. Wie das im Umschlag steckende Auftragsgeld. Wenn man die Banderolen entfernt. An Montserrat und die beiden Kolumbianerinnen gewandt: »Hat der französische Boxer letzte Woche, genauer gesagt am Montag oder Dienstag, achtzigtausend Franc abgeholt?«

»Nein. An dem Tag hat er eine sehr viel höhere Summe mitgenommen, wie jeden Abend. Er hat aber vierzigtausend Franc extra abzählen und in einen Umschlag stecken lassen.«

»Sehr gut. Können Sie genau dieselben Handgriffe wie an dem Tag noch mal machen? Wer von Ihnen hat dieses Geld gezählt?«

»Ich.«

Eine der beiden Frauen nimmt bereits eingeräumte

Geldbündel im Wert von insgesamt vierzigtausend Franc aus dem Schrank, rupft die Banderolen ab, steckt das Ganze in einen Umschlag, den sie mit Hilfe des Schwämmchens zuklebt, und reicht ihn Le Dem. Der legt ihn behutsam auf den Tisch und ruft in der Präfektur an.

»Wir wissen jetzt vielleicht, woher das Auftragsgeld stammt. Wir kommen zurück.«

In der Rue Spontini warten vier Polizisten im Flur des achten Stocks auf die Putzfrau, die offenbar jeden Morgen gegen zehn kommt. Zwei weitere in einem Wagen vor der Haustür. Und um zehn ist sie da. Jung, etwa fünfundzwanzig, sehr hübsch, mollig, südländischer Typ, in Jeans und T-Shirt, Turnschuhe, kein Make-up, kurzes Haar, etwas überrascht, auf all diese Männer zu treffen, aber nicht verängstigt.

»Polizei.«

»Ist das ein Scherz?«

»Wohl kaum.«

Blick auf die Dienstausweise. Sie zückt ihren Schlüssel, öffnet Delgados Tür. Die Polizisten vergewissern sich schnell, niemand in der Wohnung. Sie bindet sich unterdessen eine Schürze um und macht sich ans Putzen, ohne sich um sie zu kümmern.

Während seine drei Kollegen anfangen, die Wohnung gründlich zu durchsuchen, nimmt Lavorel die Frau am Arm, lässt sie auf dem Wohnzimmersofa Platz nehmen und setzt sich neben sie.

»Wissen Sie, wo Ihr Arbeitgeber ist?«

»Das hat er mir nicht gesagt.« Strahlendes Lächeln. »Muss er ja auch nicht.«

»Sicher. Aber eine Frau wie Sie weiß oft mehr, als man ihr sagt.«

Sie beugt sich zum Couchtisch, öffnet ein Kästchen, nimmt eine Zigarette, zündet sie an, inhaliert tief. »Was werfen Sie meinem Arbeitgeber denn vor?«

Lavorel sieht sie an, zögert, wagt es. »Dass er eine Frau und einen Mann hat ermorden lassen. Einen Polizeiinspektor. Meinen besten Freund.«

Sie wirkt erschüttert. »Sie sprechen von Hernán Delgado Bonilla? Irren Sie sich auch nicht?«

»Ich irre mich nicht. Schläft er oft außer Haus?«

»Das kommt hin und wieder vor. Er hat Erfolg bei den Frauen.«

»Kennen Sie seine Geliebten?«

»Er bringt niemals Frauen mit hierher. Weder Frauen noch Männer, nebenbei bemerkt. Niemals irgendwen. Aber ich habe ein paar von ihnen zusammen mit ihm auf Fotos gesehen, in der *Gala*. Ein sehr schöner Mann, wissen Sie, Latino wie ich.« Sie beugt sich mit der Brust voran in seine Richtung und drückt ihre Zigarette im Aschenbecher aus.

Lavorel weiß genau, dass Romero in diesem Moment sein Glück versucht hätte. Nicht meine Art. Mit einem Lächeln: »Sagen Sie mir, wo er gestern Abend war.«

»Bei einer Benefizveranstaltung, Sie wissen schon, so eine, wie man sie im Fernsehen sieht. Nicht in Paris. Ich hab ihm gestern Morgen einen kleinen Koffer mit seinem

Smoking gepackt, und der ist nicht mehr da. Mehr weiß ich nicht.«

Ein kleiner Koffer auf dem Motorrad. Niemand hat darüber Meldung gemacht.

»Danke, Mademoiselle. Wir werden Sie wohl bitten, zusammen mit den Inspektoren, die die Wohnung durchsuchen, hierzubleiben, bis wir Monsieur Delgado gefunden haben.« Lächeln. »Reine Vorsichtsmaßnahme. Ich denke nicht, dass es sehr lang dauern wird.«

Lavorel geht hinüber ins Arbeitszimmer. Seine Kollegen erstellen gerade eine Liste der Bankunterlagen, die sie beschlagnahmen werden.

»Ich lasse euch allein. Ich fahre kurz in der *Gala*-Redaktion vorbei. Die wissen wahrscheinlich, wo Delgado steckt.«

Gala. Zwei Journalisten des Blattes haben sich zur Zusammenarbeit mit Lavorel bereit erklärt, gegen das Versprechen eines hübschen Scoops, falls man fündig wird … Gestern Abend, ja, da gab es einen großen Wohltätigkeitsball in Monaco … Delgado Bonilla, sagt uns nichts. Wir bräuchten ein Foto.

»Hier habe ich eins.«

»Den Typ sieht man von Zeit zu Zeit, schwierig, so aus dem Handgelenk mehr über ihn zu sagen …«

Sie nehmen sich die letzten *Gala*-Nummern vor. Und stoßen auf ein Foto von Delgado Bonilla am Arm von Alexandra Newton, einem aufstrebenden jungen englischen Mannequin.

»Sie war gestern in Monaco, klar, sie hat bei der Tombola die Gewinner ausgelost.«

Lavorel ruft in der Präfektur an. Daquin ist noch nicht zurück. Man muss die Kriminalpolizei in Nizza verständigen, die Flüge von Nizza nach Paris überwachen …

»Sollen wir die anderen Nummern nicht auch noch durchsehen? Delgado Bonilla ist schließlich erst seit zwei Jahren in Frankreich, so lang wird das nicht dauern.«

»Also ein Scoop wie jeder andere …«

»Das hier sieht doch gut aus.«

Erneut Delgado Bonilla, im Hintergrund, auf der Tanzfläche eines privaten Pariser Edelsexclubs. Zur Identität seiner Begleiterin können die Journalisten nichts sagen.

Und dann bleibt Lavorel an einem Bild hängen. Männer in Smokings, Frauen in Abendkleidern. Im Kreis von Soldaten der Garde Républicaine in Paradeuniform begrüßt der Senatspräsident seine Gäste. Im Vordergrund ein bildschönes blutjunges Mädchen, dunkler Typ, raffiniert hochgestecktes Haar, langes weißes Kleid, eng anliegend bis übers Knie, dann weit ausgestellt. Und direkt hinter ihr, sehr nah beieinander, vielleicht gemeinsam erschienen, Delgado Bonilla im weißen Smoking und an seinem Arm Nadine Speck, langes schwarzes Kleid, hauteng, strenger Schnitt, wenig Dekolleté, ärmellos. Laut Bildunterschrift der erste gesellschaftliche Auftritt der jüngsten Tochter des chilenischen Botschafters in Frankreich.

»Carla Illanez«, sagt einer der Journalisten. »Sagt Ihnen der Name nichts?»

»Nein.«

»Am Ende dieser festlichen Veranstaltung war Carla Illanez verschwunden. Das wussten wir bei Drucklegung nicht. Zwei oder drei Tage später fand man ihre Leiche in einem Dickicht im Bois de Boulogne. Eine Überdosis Heroin. Höchstwahrscheinlich ihr erster Schuss. Und sie lebte noch, als sie im Wald abgeladen wurde. Vermutlich hat ihr Begleiter es mit der Angst gekriegt, als sie ihre letzte Reise antrat. Ihr Bullen habt ermittelt, aber sehr diskret, und nichts herausgefunden. Am Ende wurde die Sache vertuscht.«

Lavorel notiert den Namen der jungen Frau, das Datum der Veranstaltung. Die restlichen Ausgaben sind rasch durchgeblättert. Delgado taucht nicht mehr auf. Lavorel bedankt sich und verspricht, noch am selben Abend anzurufen und Neuigkeiten durchzugeben.

10 Uhr, Beginn der Pressekonferenz. Daquin stellt seinen Wagen auf dem Parkplatz für Besucher der Ehrentribüne ab. Begrüßt das Team, das für Reynauds Beschattung zuständig ist. Der ist nach dem Frühstück im *Royal Monceau* auf direktem Weg zum Stadion gefahren und hat sich mit Spielern und Betreuern in die Kabinen zurückgezogen. Rundumblick. Drei kräftige Kerle kontrollieren am Eingang zur Ehrentribüne die Presseausweise. Eine Menschentraube: viele Journalisten, Fernseh- und Radiosender. Man muss sagen, unabhängig von den sportlichen Aspekten ist das Programm nach dem gestrigen Artikel in *Sports Infos* und dem Mord vom Freitagabend wirklich

verlockend. Ein großer Bus mit Fans trifft ein, herangekarrt von … ja, von wem?

In einem Pulk von Journalisten Sam, der seinen Presseausweis vorzeigt. Der Einlass wird ihm verweigert. Heftiger Wortwechsel. Sam versucht sich durchzudrängeln. Zwei Männer packen ihn unter den Armen, heben ihn hoch und befördern ihn nicht brutal, aber rigoros die Treppe hinunter bis zum Parkplatz, wo sie ihn wieder absetzen. Reynaud will Sie hier nicht sehen, Sie brauchen sich nicht mehr blicken zu lassen.

Und mit einem Schlag ist Sam vollkommen allein. Die anderen Journalisten strömen weiter durch den Eingang und tun so, als hätten sie nichts bemerkt. Daquin wartet ab. Sam fährt mit aufheulendem Getriebe und quietschenden Reifen davon. Daraufhin geht Daquin die Treppe hoch. Die Gorillas begrüßen ihn mit »Monsieur le Commissaire« und lassen ihn passieren.

Der Raum ist vollgestellt mit Stühlen, alle besetzt. Am einen Ende ein mit einem grünen Tuch bedeckter langer Tisch, ein Wald von Mikros. Stickige Atmosphäre. Da und dort Beleuchtungstests.

Reynaud kommt durch die Tribünentür herein, begleitet vom Trainer, von Rebellin und Léonard. Danjou folgt unauffällig einige Sekunden später und setzt sich in die erste Reihe. Der Fanblock klatscht kräftig Beifall. Eine laute Stimme ruft aus der Menge: »Danke, Herr Präsident!« Reynaud lächelt, wirkt entspannt, grüßt die Fans, steckt sich eine Zigarette an, nimmt drei Züge, drückt sie aus, während er sich an den Tisch setzt, und legt los:

»Ich hätte heute gern unseren Meistertitel mit Ihnen gefeiert. Aber aufgeschoben ist nicht aufgehoben. Und es war ein lehrreiches Spiel. Unser Verein ist erst seit kurzem auf diesem Wettkampfniveau, wir sind hier, um zu lernen. Aber wir haben ehrgeizige Pläne. Wir wollen einen europäischen Titel holen ...«

Die Fans johlen: Den kriegen wir! Reynaud macht eine beschwichtigende Geste in ihre Richtung.

»... und wir verstärken uns entsprechend. Ich habe das große Vergnügen, Ihnen mitzuteilen, dass mit Beginn der nächsten Saison Oudinof das Training der Mannschaft des FC Lisle-sur-Seine beaufsichtigen wird.«

Oudinof, mehrfach Europas Fußballer des Jahres, Rekordspieler seiner Nationalmannschaft, deren unangefochtener Kapitän er war, nicht ein Platzverweis in seiner langen Laufbahn, allseits respektiert für sein Können und sein Fairplay. Und sehr junger Ruheständler. Überraschtes Raunen im Saal. Die Fans klatschen Beifall.

»Natürlich hat Jaubert nach wie vor mein volles Vertrauen und wird die Mannschaft weiterhin jeden Tag trainieren. Oudinof wird bei den Spielen mit auf der Trainerbank sitzen.«

Schweigen, dann entschließt sich ein Journalist zu fragen: »Welchen zusätzlichen Gewinn bringt er der Mannschaft unter diesen Umständen?«

»Seine unbestrittene moralische Autorität in der Welt des Fußballs. Er hat es nicht nötig, vor dem Spiel zu den Schiedsrichtern in die Kabinen zu gehen, um ihnen die Hände zu schütteln. Sie werden sich zu ihm bemühen und ihn auf der Trainerbank begrüßen. Ich denke, schon seine bloße Gegenwart gewährleistet einen fairen Spielverlauf. Das ist die Lehre, die wir aus unserer Niederlage am vergangenen Freitag ziehen wollen.«

Jetzt hagelt es Fragen: Ist der Vertrag unterzeichnet? Ab wann wird Oudinof vor Ort sein? Was hält der amtierende Trainer davon? ... Reynaud gibt auf alles Antwort, ohne Hast, gleichbleibend freundlich. Dann die unvermeidliche Frage:

»Herr Präsident, haben Sie den Artikel gestern in *Sports Infos* gelesen? Hat Sikorsky Geld kassiert, und haben Sie ihn verprügeln lassen?«

»Ich habe den Artikel gelesen. Würde ich das Gegenteil behaupten, Sie würden es mir nicht glauben. Ob Sikorsky Geld kassiert hat, müssen Sie ihn fragen, und vielleicht auch den Trainer von Bourgeron. Ich weiß nichts darüber. Was die Prügel angeht, hat Sikorsky der Polizei von Lisle-sur-Seine die Dinge deutlich anders geschildert. Meines Wissens hat er weder gegen mich noch gegen sonst irgendwen Anzeige erstattet. Wir reden hier bloß von einem Zeitungsartikel, gezeichnet von einem Journalisten, der in der Vergangenheit nicht immer über jeden Zweifel erhaben war. Ich habe daher absolut nichts dazu zu sagen.«

Drückendes Schweigen. Keiner der Journalisten protestiert. Reynaud lächelt sie freimütig an.

»Nebenbei bemerkt: Die – natürlich rein hypothetische – Vorstellung, dass ein korrupter Spieler von Leuten aus seinem Verein verprügelt wird, empört mich nicht wirklich. Mir scheint, es gibt schlimmeres Unrecht.«

Die Fans klatschen Beifall.

»Weitere Fragen?«

»Gewisse Journalisten durften diesen Raum nicht betreten …«

»Hier habe ich Hausrecht. Nächste Frage.«

»Freitagabend wurde der Stadionwart auf dem Vereinsgelände ermordet. Es heißt, dass die Spieler im Rahmen der Ermittlung dazu befragt werden. Stimmt das?«

»Das stimmt, und das ist normal. Alle, die unseren Stadionwart Éric Speck kannten, werden befragt, auch ich. Die Polizei macht ihren Job.«

»Werden die mannschaftsinternen Abläufe dadurch beeinträchtigt?«

»Ganz und gar nicht. Bislang wurde zwischen den sportlichen Aktivitäten des FC Lisle und dem Mord kein Zusammenhang festgestellt. Das Training geht weiter, jeden Tag, und der Betreuerstab, die Spieler und ich selbst haben nur ein einziges Ziel: schon mit dem nächsten Spiel die Meisterschaft zu gewinnen. Was alles andere betrifft, setzen wir volles Vertrauen in die Polizei.«

Und mit einem Lächeln verbeugt er sich leicht in Richtung Daquin, der am anderen Ende des Raums steht.

Dann verkündet er Rebellins Wechsel nach Japan gleich nach dem letzten Spiel um die Meisterschaft. Rebellin, bleich, verkrampft, beantwortet die Fragen auf Spanisch, und der Trainer springt als Dolmetscher ein. Ja, er freut sich sehr, nach Japan zu gehen, der Beginn eines neuen Abenteuers, ein aufstrebendes Land in der Welt des Fußballs … Die Fans applaudieren, danken ihm für das Glück, das er ihnen beschert hat. Reynaud verspricht für die Sommerpause eine tolle Überraschung als Ersatz für ihn, dann ist die Pressekonferenz zu Ende.

Reynaud geht zuerst zu den Fans, um unter dem Blitzlichtgewitter der Fotografen Hände zu schütteln, steckt sich dann, ansprechbar, freundlich, eine Zigarette an und beantwortet verschiedene Fragen in die Radiomikrofone, vereinbart Interviewtermine, erklärt sich bereit, heute Abend Gast der Zwanzig-Uhr-Nachrichten zu sein, während der Trainer und Rebellin durch die Tribünentür verschwinden. Danjou lehnt mit der Schulter an der Wand, Hände in den Taschen, unterhält sich mit Léonard und lässt Reynaud nicht aus den Augen.

Nach und nach leert sich der Raum. Die Techniker räumen die Mikros, die Beleuchtung, die Stühle weg. Daquin geht zu Reynaud, der hinter dem Tisch steht und sich mit schlagartig eisiger Miene auf die Hände gestützt vorbeugt.

»Mir sind Gerüchte zu Ohren gekommen, denen zufolge ich persönlich in die Mordfälle verwickelt sein soll, in denen Sie ermitteln. Sie wollen Krieg, Sie werden ihn bekommen, und zwar total.«

Danjou ist nähergetreten, hält sich hinter Daquin. Der beugt sich über den Tisch zu Reynaud, presst seine Hand auf die des Vereinspräsidenten, so dass er sie ihm nicht entziehen kann, und sagt mit angespannter, leiser Stimme: »Diese Gerüchte stammen nicht von mir, aber ich garantiere dir …«, er drückt mit seinem ganzen Gewicht, »solltest du bei dem Mord an meinem Inspektor auch nur eine Fingerspitze im Spiel haben, zerquetsche ich dich.«

Reynaud, kreidebleich, sprachlos, nervöses Zucken, versucht sich aus seinem Griff zu winden, Daquin hält ihn noch einen Moment fest, gibt ihn dann lächelnd frei. Danjou nimmt Reynaud am Arm, zieht ihn zur Tribünentür, redet leise auf ihn ein. Wie es aussieht, ziemlich barsch.

Romero ist seit hundertzweiundzwanzig Stunden tot.

Auf dem Rückweg zur Präfektur ein Abstecher nach Saint-Ouen, um sich in einem kleinen Bistro fünfhundert Meter vom Redaktionsgebäude mit Chamoux zu treffen, dem Chefredakteur von *Sports Infos*. Der ist schon da und sitzt vor einem Teller Pökelfleisch mit Linsen.

»Für mich dasselbe«, sagt Daquin zum Wirt.

»Nett, dass du dir Zeit für mich nimmst, danke.«

»Wir sind lange genug befreundet, und du hast mir schon so manchen Gefallen getan … Also, wo drückt der Schuh?«

»Hast du gestern Sams Artikel gelesen?«

»Klar.«

»Bei einer prominenten Persönlichkeit wie Reynaud ist es für eine Zeitung wie unsere nicht leicht, ich sage gar nicht mal anzugreifen, sondern einfach nur nicht zu Diensten zu sein.«

»Das denke ich mir.«

»Gestern habe ich Dutzende Anrufe bekommen. Du würdest dich wundern … Zwei Anzeigenkunden haben ihre Verträge gekündigt. Heute früh hat Reynaud unseren Journalisten den Zutritt zu seiner Pressekonferenz verweigert …«

»Ich weiß, ich war dort.«

»… die werten Kollegen haben nicht dagegen protestiert. Wenn sich das in Sportkreisen herumspricht, drohen mir weitere Ausfälle. Reynaud verfügt über die Mittel, uns ernstlich zu schaden.«

»Im Klartext: Was willst du von mir?«

»Eine Einschätzung, bloß eine Einschätzung, damit ich weiß, ob ich im gleichen Modus weitermache oder zu Kreuze krieche, und das bleibt selbstverständlich unter uns. Alle reden nur noch von den Vorfällen beim FC Lisle-sur-Seine. Aber niemand weiß etwas. Ist Reynauds Lage kritisch oder sitzt er fest im Sattel?«

»Reynaud ist ein toter Mann.«

Nacheinander kommen sämtliche Einsatzteams in die Präfektur zurück.

Das Team von der Avenue Parmentier bringt Muck mit, der in einer Zelle landet, ohne dass sich zunächst irgendjemand für ihn zu interessieren scheint.

Le Dem und das Team aus der Rue Réaumur bringen zwei Kolumbianerinnen mit und stecken sie in Gewahrsam, zu ihrem Schutz und um sie bei der Hand zu haben. Das Geld und die Umschläge, die bei Chrysalide beschlagnahmt wurden, gehen ans Labor, um sie mit dem Umschlag und dem Geld von dem Mordauftrag abzugleichen.

Lavorel und Le Dem essen ein Sandwich miteinander,

bevor sie sich im Archiv der Mordkommission auf die Suche nach der Akte Carla Illanez machen.

»Hundertzwanzig Millionen Franc, die jedes Jahr über Chrysalide laufen, das ist ein hübsches Sümmchen. Der Verein hat seine Konten bei der SBE und ein separates Transferkonto, das Reynaud persönlich verwaltet. Sobald wir dazu kommen, überprüfen wir, ob Barbeträge auf dieses Konto eingezahlt wurden, und von wem. Man weiß ja nie …«

Nachdem sie die Akte Carla Illanez, 20. Juni 1988, bei der Mordkommission gefunden haben, zieht sich Lavorel in ein fensterloses Kabuff zurück, um sie in Ruhe durchzusehen.

Wenig später kommt Daquin glänzend gelaunt vom Mittagessen und erfährt, dass Delgado Bonilla tatsächlich gestern um 16 Uhr mit Air Inter nach Nizza geflogen ist und heute mit derselben Linie zurückkommt, Abflug um 18:15 Uhr. Die Kriminalpolizei Nizza wird ihn am Flughafen erwarten. Daquin vereinbart für 18:30 Uhr ein Treffen mit Richter Bertrand und geht an die Arbeit.

Um 17 Uhr kommt Lavorel ins Büro, setzt sich an den Tisch und erzählt ihm die traurige Geschichte von Carla Illanez.

»Bevor unsere Kollegen auf Unfalltod durch Überdosis geschlossen und die ganze Angelegenheit begraben haben, haben sie das Personal und die geladenen Gäste befragt, die bei dem Senatsempfang waren. Sie konnten die genaue Uhrzeit ermitteln, zu der Carla die Feier ohne Begleitung verließ, sowie die Namen von etwa einem Dutzend Personen, die ungefähr zur gleichen Zeit gingen wie sie. Darunter Delgado Bonilla. Aber er hatte ein Alibi: Er hat den ganzen restlichen Abend mit Nadine Speck verbracht.«

»Was für ein Weib. Sie hatte Reynaud mit dem Bürgermeister in der Hand und Delgado mit Carla Illanez.« Rückblende auf den mageren kleinen Leichnam, das alterslose Gesicht. Unbehagen. »Beide hatten also mehrere gute Gründe, nicht zu wollen, dass sie es zu Romero schafft. Und beide können sich bedroht gefühlt haben, ohne gleich zu denken, dass hinter ihr Martinon stand.«

Ich habe mich in ihr getäuscht. Ungreifbar, das schon. Nutte auch. Aber weder farblos noch gewöhnlich. Sie bleibt mir vollkommen fremd, und ich empfinde nach wie vor Hass.

»Das sagt uns aber immer noch nicht, warum sie Romero treffen wollte.«

»Wenn wir jede Hypothese einer Verstrickung Romeros in Kokaingeschäfte verwerfen, und das haben wir beschlossen, Lavorel, bleiben trotzdem eine Menge Möglichkeiten: Martinon und Nadine Speck hatten einen fetten Coup geplant, um an einen Teil des Schwarzgelds zu kommen. Sie wollte richtig Kohle machen und dann alles hinter sich lassen, um unter der Sonne der Antillen friedlich zu sterben. Und er wollte sich aus einer zunehmend kompromittierenden Kooperation lösen. Denkbar sind auch irgendwelche komplizierten Machenschaften, bei denen

Reynaud versucht, Delgado zu manipulieren, die Sache entgleitet ihm und endet in einem Gemetzel. Ist das so wichtig?«

»Für mich schon. Ich will versuchen, Martinon dranzukriegen.«

Daquin verzieht zweifelnd das Gesicht und nimmt ein Blatt von seinem Schreibtisch. »Observationsbericht. Ich lese vor.«

Nach der Pressekonferenz fuhren Danjou und Reynaud im Wagen zu Chez Pierre, Place Gaillon. Rückblende: eins von Lenglets Lieblingsrestaurants, aber unsere Geschmäcker waren immer verschieden, bei Männern wie bei Restaurants. Zurück zu Lavorel. *Reynaud traf sich dort zum Mittagessen mit Maurice Granotier, Mitglied im Kabinett des Finanzministers, und Jacques Santoni, einem einflussreichen Mann beim Crédit Lyonnais. Danjou übernahm das Parken und ging dann zu Fuß ins Petit Riche, Rue Le Pelletier, wo er in einem kleinen Raum im ersten Stock mit Martinon zu Mittag aß. Bevor er Reynaud um 15 Uhr vor dem Chez Pierre wieder abholte. Sie fuhren direkt zum Rathaus von Lisle-sur-Seine, wo sie zum gegenwärtigen Zeitpunkt noch sind. Gezeichnet: Pontaud und Marsal, Dienstag, 16:30 Uhr*

»Glauben Sie mir, Reynaud können wir uns jederzeit schnappen. Aber Martinon hat eine Länge Vorsprung.«

Um 18 Uhr schickt das Labor die Ergebnisse. Woher die Banknoten stammen, lässt sich zwar nicht mit Sicherheit sagen, aber die beiden Umschläge weisen dieselben

Fingerabdrücke auf, nämlich die von einer der beiden Kolumbianerinnen.

Und um 18:15 Uhr ruft die Polizei aus Nizza an und gibt die Festnahme von Delgado Bonilla bekannt, den die Männer vom Pariser Drogendezernat in einer Stunde in Orly abholen können.

Um 18:30 Uhr steht Daquin im Büro von Richter Bertrand in Nanterre.

Er legt nebeneinander drei mit Unterlagen gefüllte Mappen vor ihn hin, auf denen jeweils eine große Zahl steht.

»Sie müssen wissen, dass wir heute gezwungen waren, sehr schnell zu handeln, aber stets im Rahmen der von Ihnen erteilten richterlichen Genehmigungen, darauf habe ich geachtet. Wundern Sie sich also nicht allzu sehr, wenn die Dinge in gerade mal vierundzwanzig Stunden sehr weit gediehen sind.« Er schiebt dem Richter die erste Akte aufgeschlagen hin. »Letzten Dienstag um zehn Uhr morgens ruft Nadine Speck in Abwesenheit ihres Bruders, sie war also allein zu Hause, bei Romero an. Wir haben den Mann gefunden, der ihr seine private Nummer besorgt hat. Es ist ein einflussreicher Banker, dessen Namen ich nicht in den schriftlichen Bericht aufgenommen habe, um ihn zu schützen, der aber hinzugefügt werden kann, wenn Sie es wünschen. Zwei Tage später werden Nadine Speck und Romero erschossen. Folglich wusste noch jemand von der Verabredung. Wir kommen darauf zurück.

Delgado Bonilla wurde relativ schnell als Auftraggeber

des Doppelmords identifiziert. Die beiden Mörder haben ihn auf Fotos wiedererkannt und werden das noch heute Abend durch Gegenüberstellung bestätigen können. Delgado Bonilla leitet hier in Frankreich einen Ring zur Wäsche von Kokaingeld für das Cali-Kartell, unter dem Deckmantel einer kleinen Firma für Modedesign namens Chrysalide.« Daquin zeigt auf die entsprechenden Beweisstücke. »Es handelt sich um bewiesene Tatsachen.«

Der Richter nickt.

»Er pflegte außerdem seit längerem eine dauerhafte Beziehung zu Nadine Speck, die offenbar ein recht bewegtes Sexualleben hatte. Wir stellen daher die Hypothese auf, dass Nadine Speck von Delgados Aktivitäten wusste und sich mit Romero verabredete, um ihm davon zu berichten.«

Der Richter hebt die Hand.

»Das ist vorerst eine reine Hypothese, da sind wir uns einig. Ich werde sie aber gleich noch untermauern. Kommen wir zur zweiten Akte. Delgado bezahlt die Mörder mit dem Geld von Chrysalide, das ist nachweisbar.« Der Richter nickt zum Zeichen, dass er folgen kann. »Delgado selbst hat Chrysalide nie aufgesucht. Der Geldabholer ist ein gewisser Muck, den wir heute früh festgenommen haben. Identifiziert von den beiden Chrysalide-Angestellten. Wir haben auch den Film einer Überwachungskamera, auf dem er eindeutig zu erkennen ist. Dieser Muck nun ist ein Angestellter von RBTP ...«

Der Richter blickt auf, sieht Daquin an.

»... seine Lohnabrechnungen befinden sich in der zweiten Akte.«

»Fahren Sie fort.«

»Und wir wissen, dass Muck Arbeiter auf zahlreichen RBTP-Baustellen mit Chrysalide-Geld schwarz bezahlt. Die Aussage eines Vorarbeiters von einer dieser Baustellen ist das letzte Beweisstück in dieser Akte.«

Der Richter klappt die Akte zu, lehnt sich mit geschlossenen Augen in seinen Sessel zurück. »Die Möglichkeit, diese Aussage zu verwenden, scheidet gegenwärtig aus.«

»Wir werden sie nicht brauchen.«

»Ich werde einen Whisky trinken. Den brauche ich nämlich jetzt. Und Sie?«

»Sie hätten nicht vielleicht einen Wodka? Nein … Dann einen Kaffee.«

Kochendes Wasser und löslicher Kaffee. Man muss Masochist sein, um so eine Plörre zu trinken. Hart am Brechreiz. Der Richter gießt sich sehr großzügig Whisky ein, ohne Eis.

Daquin fährt fort: »Uns genügt zu wissen, dass Muck bei RBTP angestellt ist. Vielleicht fügen wir noch hinzu, welche Rolle er bei Sikorskys Abreibung gespielt hat, bei Bedarf und falls Sikorsky sich zu einer Anzeige entschließt. Überdies stehen Reynaud und Delgado in Geschäftsbeziehungen, siehe die Überwachung von Delgados Telefon. Die genehmigt ist.«

»Ich weiß.«

»Ich komme auf Nadine Speck zurück. Nicht nur, dass sie Delgado seit langem kannte, ihr Bruder war außerdem bei RBTP beschäftigt, von 1980 bis 1985, als er Stadionwart des FC wurde, und er hat bei RBTP ganz ähnliche Aufgaben gehabt wie Muck heute. Und Reynaud nahm Nadine Specks Dienste in Anspruch, um unliebsame Personen zu kompromittieren, obwohl er behauptet, sie kaum zu kennen. De facto kannten Nadine und Éric Speck sämtliche illegalen Aktivitäten sowohl von Delgado als auch von Reynaud. Nadine beschließt, der Polizei gegenüber auszupacken. Ich räume ein, dass das Motiv nicht klar ist. Vielleicht aus Rache, als sie erfährt, dass sie HIV-infiziert ist. Aber vielleicht auch, weil sie hofft, aus der Sache Geld herausschlagen zu können. Ein Freund von ihr, der uns bekannt ist, der möglicherweise aber aus all dem herausgehalten werden muss, gibt ihr Romeros Telefonnummer. Und sie verabredet ein Treffen mit ihm. Das erste Treffen der beiden. Sie waren sich nie zuvor begegnet. Folgen Sie mir?«

»Durchaus. Aber dieser ganze Teil ist bislang nicht durch Beweise erhärtet.«

»Ich fahre fort. Die Frage, die sich sogleich stellt, ist folgende: Wer konnte von dieser Verabredung wissen?« Letzte Akte, deutlich weniger dick. »Sie finden darin die Aussage eines Arbeiters, der bei Reynaud eine Anlage installiert hat, mit der sich sämtliche Telefonanschlüsse des Vereins und der Specks abhören lassen. Reynaud, der Gründe hat, Nadine Speck an einem Treffen mit Inspecteur Romero zu hindern, hat zugleich die Möglichkeit, Ort und Zeit des Treffens zu erfahren. Und seinen Freund Delgado davon in Kenntnis zu setzen, der die beiden ermorden lässt.«

»Und Éric Speck?«

»Auch Speck wusste viel. Als er mit vierundzwanzigstündiger Verspätung von mir erfährt, dass seine Schwester von Auftragsmördern getötet wurde, bekommt er Angst, weil er weiß, wer dahintersteckt. Er beschließt zu fliehen, erzählt niemandem davon, telefoniert aber gegen achtzehn Uhr von zu Hause aus, um sich nach den Abflugzeiten der Abendmaschinen nach Nizza zu erkundigen. Das steht ebenfalls in Ihrer letzten Akte. Ich könnte mir ganz gut Muck als seinen Mörder vorstellen, aber es gibt keinen konkreten Beweis, der diese Hypothese stützt. Denkbar wäre auch Delgado selbst. Diesbezüglich bin ich guter Hoffnung, die Aussage eines Spielers zu bekommen, der das Stadion während der uns interessierenden Minuten verlassen hat. Und vergessen Sie nicht, dass wir bislang weder Delgado noch Muck befragt haben. Aufgrund all dessen und aufgrund dieser konkreten Beweise halte ich eine Hausdurchsuchung bei Reynaud für erforderlich, um die Sache mit den abgehörten Telefonaten zu überprüfen und ihn zu seinen Beziehungen zu Muck und Delgado zu vernehmen.«

Das Lächeln des Richters ist längst nicht so verkniffen wie erwartet. Er hat vielleicht nicht viel Erfahrung mit doppelten Whiskys.

»Von der Ermittlung im Fall des Kokainrings in La Défense sind wir ziemlich weit entfernt, Commissaire.«

»Das gebe ich zu.«

»Ich habe mich heute Nachmittag lange mit dem Staatsanwalt unterhalten. Nun, er schien sich seiner Sache weit weniger sicher als vor zwei Tagen. Das hat mich überrascht.« Spitz: »Als hätte er etwas darüber läuten gehört, was in Ihrem Bericht steht.«

»Mit Sicherheit nicht, Herr Richter. Aber die ersten Banken haben Reynaud bereits fallen lassen, und das spricht sich offenbar herum. Zumindest in gewissen Kreisen. Reynaud genießt immer noch viel Rückendeckung.«

»Das bedeutet, wenn ich auf Hausdurchsuchung entscheide, tun wir gut daran, sie schnell durchzuführen, um undichte Stellen zu vermeiden und massive Einflussnahmeversuche der Gegenseite.« Der Richter steht auf. »Nun gut, ich werde diese Akten umgehend bearbeiten. Und ich rufe Sie im Lauf des Abends an.« Auf dem Weg zur Tür stößt er plötzlich wie von einer Last befreit hervor: »Ich habe Fußball immer verabscheut. Diese Brutalität, diese Spieler, die man kauft und verkauft wie Vieh, diese tobenden Massen, diese Leute, die sie manipulieren … ein Sport …«, er sucht das treffende Wort.

»Fürs Volk, Herr Richter, fürs Volk.«

Romero ist seit hundertneunundzwanzig Stunden tot.

Zurück in der Präfektur. Im Büro.

»Und?«, fragt Lavorel.

»Morgen früh um sechs. Ich bleibe heute Nacht hier, in Bereitschaft. Und Sie?«

»Ich leiste Ihnen Gesellschaft. Hierbleiben ist letztlich bequemer als heimfahren.«

»Was gibt's von Ihrer Seite?«

»Ich bin beim Recherchieren auf etwas gestoßen. Erst mal hat Le Dem herausgefunden, dass Muck regelmäßig die Hauptgeschäftsstelle der SBE aufgesucht hat. Wir wissen nicht, warum, aber wir kommen noch dahinter. Bis dahin kann ich ja mal ein paar Vermutungen anstellen.«

»Daran kann Sie niemand hindern. Aber Sie werden gestatten, dass ich mich in Zurückhaltung übe.«

Lavorel hört ihn gar nicht, er fährt fort: »Passen Sie gut auf, Chef. Delgado Bonilla gibt hundert Millionen Franc Schwarzgeld an Reynaud, der diese Summe für seinen Verein verwendet – geheime Spielerprämien, Bestechung von gegnerischen Spielern, Schiedsrichtern und sonstigen Personen – oder für sein Bauunternehmen. Die SBE sorgt dafür, dass der so erwirtschaftete Profit gleichmäßig auf Firmen- und Transferkonto verteilt wird. Mittels der Transfermaschinerie schickt Reynaud diversen ausländischen Vereinen, sagen wir der Einfachheit halber, zweihundert Millionen Franc, die in dem Moment der offizielle saubere Gesamtbetrag sind. Das ist natürlich nur ein Beispiel, die wahren Summen können viel höher oder niedriger sein. Und die ausländischen Vereine, die an dem Betrug beteiligt sind, überweisen hundert Millionen weiter an Steuerparadiese, als Provision für verschiedenste Vermittler, die in Wirklichkeit Delgado Bonilla und seine Auftraggeber sind. Realiter haben die Transfers hundert Millionen gekostet und das Waschen von hundert weiteren ermöglicht, was der Summe entspricht, die Delgado Reynaud bar ausgezahlt hatte. Kommen Sie noch mit?«

»Nur weiter.«

»Das ist noch nicht alles. Die SBE baut derzeit ein ganzes Netz von Auslandsfilialen auf. Und ein Investorenkonsortium mit schwer feststellbarer Identität und Sitz in Antigua liefert das nötige Kapital für diese Expansion. Nehmen wir einmal an, es handelt sich dabei um das gewaschene Geld. Irgendwann kommt der Moment, wo Reynaud und das Kartell die Kontrolle über die SBE übernehmen. Martinon muss reagieren. Und nicht nur er. Können Sie sich den Skandal vorstellen, wenn herauskommt, dass es Verflechtungen gibt zwischen dem Cali-Kartell und Parillaud, einer der größten Banken Frankreichs?«

»Ich bewundere wirklich Ihre Tatkraft und Ihre Phantasie, aber das sind kaum mehr als Hypothesen.«

»Wer suchet, der findet. Jetzt haben wir einen Grund, uns das Bankarchiv öffnen zu lassen, da Verdacht auf Schwarzgeld vorliegt.«

Wieder macht Daquin ein skeptisches Gesicht, dann stellt er einen tragbaren Fernseher auf seinen Schreibtisch, rückt ihn zurecht, schaltet ihn ein. Werbung. Dreht den Ton weg.

»Gleich kommen die Zwanzig-Uhr-Nachrichten.«

Und macht Espresso. Daquin und Lavorel schieben zwei Sessel nebeneinander vor den Fernseher und warten, während sie langsam ihre Tassen leeren.

Eine blonde, kühl wirkende Moderatorin gibt einen kurzen Überblick der wichtigsten Nachrichtenthemen und stellt den heutigen Studiogast vor: Jean-Pierre Reynaud … Da ist er, mit seinem Tweedjackett und seinem grünen Lacoste-Hemd, wie im *Royal Monceau*, wie auf der Pressekonferenz, entspanntes, aber müdes Gesicht, lächelnd, eine gewisse wohlwollende Aufmerksamkeit der Journalistin und damit auch den Zuschauern gegenüber, ein natürlicher, ausnahmsweise nicht manipulativer Charme. Die Ereignisse des Tages ziehen vorüber,

Daquin hat den Ton wieder abgedreht. Dann widmet sich die Journalistin erneut Reynaud.

»Sie haben heute Morgen ehrgeizige Pläne für den FC Lisle-sur-Seine verkündet, dessen Präsident Sie sind. Gewinn der Meisterschaft, Gewinn eines europäischen Titels. Sie wollen, sagen Sie, der Geschichte des französischen Fußballs Ihren Stempel aufdrücken. Zugleich sind Sie aber der Chef eines stark expandierenden Bauunternehmens, das jetzt auch im Ausland Fuß fasst, und Bürgermeister einer wichtigen Stadt der Pariser Banlieue. Und man munkelt, dass sich Ihre politischen Ambitionen nicht auf diese Rolle beschränken. Bekommen Sie all diese Tätigkeiten erfolgreich unter einen Hut?«

»Ich will Ihnen die Wahrheit sagen. Ich lebe vor allem für den Fußball. Als kleiner Junge waren meine einzigen Glücksmomente die, wenn ich gegen einen Ball trat. Auf dem Fußballfeld habe ich gelernt, dass es auch noch Mitspieler gibt, wie ich mich mit ihnen einige und wie ich meinen Körper intelligent einsetze. Mit dem Ball am Fuß stürmte ich der Freiheit entgegen, und es war das Größte für mich, den Ball in den Maschen zu versenken.« Er beugt sich vor, herzliches Lächeln, leicht herablassend: »Können Sie das nachvollziehen, meine liebe Lætitia? Ich bin mir da nicht sicher … Ich verüble es Ihnen nicht, es heißt ja immer, Fußball sei Männersache … Ich will es dabei bewenden lassen. Ich bedaure lediglich, dass ich kein besserer Spieler war. Und so versuche ich heute, den Menschen, die hier leben, etwas von diesem Glück weiterzugeben, vor allem den kleinen Jungs aus Lisle-sur-Seine und der gesamten umliegenden Banlieue. Das ist das Einzige, was wirklich für mich zählt. Der FC Lisle wird ein großartiger Verein werden, weil er dem hohen Anspruch eines großartigen Publikums genügen muss, eines warmherzigen und sachkundigen Publikums. Die Fans fordern von der Mannschaft, dass sie ihnen Schönheit und Stolz vermittelt, dass sie ihnen einen Grund zum Leben und zum Feiern gibt. Ich sehe nicht viele Orte, an denen sie all das finden können. Ich habe mein Möglichstes getan, damit dieser Verein die Fans wunschlos glücklich macht, und darauf bin ich stolz.«

Die Moderatorin, etwas überrollt von Reynauds sehr emotionalem Ton, versucht das Interview wieder in den Griff zu bekommen. »Und was können Sie uns denn für die Zukunft des Vereins ankündigen?«

»Zuerst einmal muss Lisle-sur-Seine um jeden Preis die Meisterschaft gewinnen.« Ein Moment vergeht. »Um jeden Preis.« Er unterstreicht den Satz mit leichten Schlägen auf den Tisch. Der Ton bebt. Erregung. »Über alles andere reden wir danach.«

»Nun, dann sehen wir uns in ein paar Wochen wieder. Danke, Herr Präsident.«

Erneut das versteckte Spiel der Verführung, ein Lächeln, ein Blick. »Danke Ihnen, Lætitia.«

Lavorel steht auf und schaltet den Fernseher aus. Telefon, Anruf auf Daquins Durchwahl. Er streckt den Arm aus und nimmt vom Sessel aus ab. Sam.

»Ich bin heute Abend in der Redaktion.« Daquin sagt nichts. »Eine Glosse über Reynauds Auftritt in den Zwanzig-Uhr-Nachrichten.« Immer noch keine Reaktion. »Morgen Abendessen in der Villa des Artistes?«

Lächeln. »Ich werde dir ein köstliches Mahl bereiten.«

Lavorel hat sich wieder neben Daquin gesetzt. Er lässt ein paar Augenblicke verstreichen, dann: »Chef, ich möchte zurück ins Dezernat für Wirtschaftsdelikte.« Schweigen. »Und ich möchte, dass Sie meine Versetzung erwirken, bevor Sie gehen.«

»Wer sagt, dass ich gehe?«

»Erst der Selbstmord von Élysée-Berater Deluc, jetzt Reynaud, zwei Fälle mit einem solchen politischen Nachhall in nicht mal einem Jahr, man wird Ihnen eine spektakuläre Beförderung auf einen ehrenvollen Posten anbieten, wo Sie endlich keine Gefahr mehr darstellen.«

»Ich muss ja nicht annehmen.«

»Ich denke, Sie werden annehmen, weil Romero tot ist.«

»Sie würden lieber Martinon als Reynaud abschießen?«

»Ich hasse die Schlipsträger wie eh und je. Heute früh im *Royal Monceau,* dieser ganze geldtriefende Luxus, diese total von sich selbst überzeugten Typen, die keine Ahnung haben, wie mein Leben aussieht und das von einem Haufen anderer, da hat's mir die Kehle zugeschnürt wie in schönsten Jugendzeiten. Zum Drogendezernat bin ich nur wegen des Vergnügens gewechselt, mit Ihnen zusammenzuarbeiten, und mit Romero. Außerdem erschien es mir damals effizienter als das Wirtschaftsdezernat.«

»Ich werde genau das tun, was Sie wünschen, Lavorel. Aber muss ich Sie daran erinnern, was Sie mir all die Jahre erzählt haben: Dreißig Inspektoren, fünfzehn Jahre Ermittlung, und heraus kommen zwei Verurteilungen zu sechs Monaten Gefängnis auf Bewährung und ein paar Tausend Franc Bußgeld. Wenn überhaupt. Oder auch: Es ist heutzutage kein Vergehen mehr, illegal zu Reichtum zu kommen, es zeugt von Intelligenz. Das habe nicht ich gesagt, sondern Sie.«

»Das Wirtschaftsdezernat verfügt inzwischen über mehr Mittel und agiert aktiver als vor zehn Jahren. Und ich werde versuchen, so zu arbeiten, wie ich es bei Ihnen gelernt habe.«

Martinon löscht das Licht in seinem Büro im sechsten Stock der SBE-Zentrale. Fährt im Dunkel mit den Fingerspitzen über das Mahagoniholz des Schreibtischs. Das Leder des Sofas. Stellt sich vor das große Fenster mit Blick auf das von der Nachtbeleuchtung schwach erhellte Glasdach des Mitteltrakts. Metallstreben, Buntglas aus den 1880er-Jahren, eine Pracht. Ein Meisterwerk post-Haussmann'scher Architektur. Sechs Stockwerke tiefer die große Halle mit den Schaltern für den Publikumsverkehr. Zu dieser Abendstunde ist sie menschenleer. Tagsüber jedoch herrscht hier ständiges Gewimmel, dessen Rumoren sehr gedämpft zu ihm emporweht, wie ein Duft von Macht. Unwillkürlich setzt er einen spitzen Kuss auf die Scheibe. Muss darüber schmunzeln. Verlässt dann das Büro, Fahrstuhl, grüßt den Nachtwächter und steht schließlich auf der Rue de la Chaussée-d'Antin. Neun Uhr abends. Jetzt heißt es fast vier Stunden warten.

Ein paar Schritte durch die Avenue de l'Opéra, dann verschwindet er in einer Toreinfahrt. Klingelt hinten im

Hof an einer massiven, flaschengrün gestrichenen Tür. Guckloch. Der Portier öffnet ihm, begrüßt ihn. Garderobe. Dann eine große Bar im englischen Stil. Setzt sich auf einen Barhocker. Bestellt einen Gin ohne Eis. Trinkt gemächlich. In dem Raum ein paar Tische, kleine Männerrunden essen bei leisen Gesprächen Clubsandwichs oder Omelettes.

»Charles«, Martinon beugt sich zum Barkeeper hinüber, »ich muss um eins wieder draußen sein. Kommen Sie mich holen, wo immer ich dann gerade stecken mag, und werfen Sie mich raus.«

Charles lächelt. »Geht klar, Monsieur Martinon.«

In der Innentasche seines Jacketts ein goldenes Döschen mit eingravierten Initialen. Dreierlei Pillen: blaue, weiße, rote. Die Farben der französischen Flagge. Schwankt zwischen Spott und alberner Rührung bei der Erinnerung an seinen Vater, Offizier im Ersten Weltkrieg und überzeugter Vichy-Anhänger. Reiht auf dem Tresen drei Pillen aneinander. Ein Schluck Gin, eine Pille. Drei Mal. Um das Warten zu erleichtern. Entspannung, Wärme. Ein Gin auf ex. Lust, sich hinzulegen. Verlässt die Bar, die inzwischen so gut wie leer ist. Umkleidekabine, zieht sich aus, schlüpft in einen Bademantel und geht zum Massagepool. Einige Männer baden, andere haben sich auf Liegen niedergelassen. Junge Frauen, nur mit winzigen Shorts bekleidet, servieren Getränke und setzen sich, wenn sie herbeigewinkt werden, um sich den Busen begrapschen zu lassen, bei »Lust auf mehr« nehmen sie die Gäste mit in die Massagesalons auf der gegenüberliegenden Poolseite.

Martillon legt sich hin. Glückselig. Noch ein Gin, ein doppelter, noch eine Pillenserie. Blau-weiß-rot. Gefühl totaler Selbstkontrolle, hellwach, autark, allmächtig. Die Außenwelt wattig, gefügig. Ein Mädchen geht auf ihren hochhackigen Sandalen mehrmals an ihm vorbei, runde Brüste, winzige braune steife Brustwarzen, blutrote Shorts, die die Pofalte entblößen, ausgeschnittene kleine Herzen lassen nackte Haut aufblitzen und machen genau dort Lust aufs Anfassen.

Keinen Schimmer, wie er mit dem Shortsmädchen im Massagesalon gelandet ist. Sie löst den Gürtel seines Bademantels, streicht mit den Fingerspitzen über seinen Bauch, schiebt ihn sanft in Richtung Bett, auf dem er sich ausstreckt. Sie zieht ihre Shorts aus, setzt sich rittlings auf ihn, beginnt ihn mit ihren Händen, ihren Schenkeln zu massieren, von der Brust bis zur Leistenbeuge, mit leisem Nachdruck auf dem Geschlecht. Zuerst ungeheures Wohlgefühl bei völligem Ausbleiben von Lust. Vor seinem inneren Auge laufen Bilder ab, von großen ruhigen Räumen, unscharfen Gesichtern. Die warmen Hände wandern über seinen Körper, greifen sein Geschlecht.

Wer sagte doch gleich: Impotent? Impotent. Immer offensichtlicher.

Sein Kopf zerspringt in tausend scharfe Scherben, ein knirschender Missklang, ohrenbetäubend, schmerzhaft. Hass überkommt ihn wie ein Brechreiz, Blutschleier vor den Augen. Und in der Ferne durchdringendes anhaltendes Sirenengeheul.

»Es ist halb eins, Monsieur Martinon.«

Ein Uhr nachts. Feuerwehrwagen, Polizeifahrzeuge, Sirenen, Blaulichter, ein Riesendurcheinander. Die großen Boulevards in Opernnähe sind für den Verkehr gesperrt. Weiter oben an der Straße haben die Fahrer ihre Wagen stehen lassen und drängen sich jetzt am Boulevard Haussmann Ecke Rue de la Chaussée-d'Antin, die abgeriegelt ist, weiter kommt man nicht. Sämtliche Anwohner wurden bereits evakuiert. Ein ganzes Gebäude steht in Brand. Die Hitze ist bis zum Boulevard spürbar. Wild hochschlagende Flammen vor dichten schwarzen Rauchwolken. Spektakulär. Heftige Explosion, orangefarbener Funkenregen hoch oben im Himmel, hinter der schwarzen Häusersilhouette, wie über einem Krater. Aufschreie in der Menge. Soeben ist das Dach eingestürzt und mit ihm die komplette Verglasung des Mitteltrakts. Die Polizisten bemühen sich, die Schaulustigen zum Weitergehen zu bewegen, die das Hin und Her der Feuerwehrleute behindern.

Lavorel, am Rand des ersten Kordons, kann nicht näher heran. In einen Hauseingang gedrückt, von der Hitze halb erstickt, gelähmt, verstört, starrt er auf die zahllosen Löschfahrzeuge und Schläuche, die Hundertschaften Feuerwehrmänner, schwarze, gebeugte, hektische Gestalten, die darum kämpfen, die benachbarten Gebäude zu schützen. Für die SBE-Zentrale besteht keine Aussicht auf Rettung mehr. Das Feuer ist im Untergeschoss ausgebrochen, im Archiv. Erschöpfte Feuerwehrleute ziehen sich zurück und verharren einen Moment neben ihm. Hier können Sie nicht bleiben, Sie stehen im Weg. Lavorel, schweißgebadet, die Muskeln wie gelähmt, bebt vor Wut. Solche Wut. Und hört plötzlich sein Zähneknirschen.

Er wendet sich ab, um zur Präfektur zurückzukehren.

Martinon steht in der ersten Reihe der Schaulustigen. Martinon in seinem Dreiteiler, abgespannt, müde. Martinon, der gerade mit der gewaltigsten Erektion ringt, die er seit Jahren hatte.

Siebter Tag

Mittwoch, 9. Mai 1990

Daquin und Le Dem haben vor Reynauds Haus geparkt. Sie sind seit fünf Uhr früh vor Ort und warten auf das Eintreffen des Richters und eines Inspektorenteams, um die Hausdurchsuchung vorzunehmen. Diskrete Überwachung aus der Distanz. Danjou und Reynaud sind gestern Abend gegen zehn nach Hause gekommen, und seitdem hat sich nichts gerührt. Lavorel, nach dem Brand noch unter Schock, ist heimgefahren zu seinem Bett, seiner Frau und seinen Töchtern. Der Richter hat mitgeteilt, er käme nicht vor acht. Hausdurchsuchung, gut, wenn's sein muss, aber bei Leuten von Welt kreuzt man nicht um sechs Uhr früh auf.

Das Haus ist groß und weiß, ein reiner Parterrebau, halb unter der Erde liegend, mit gewölbtem Rasendach. Kein Fenster zur Straße. Ein Haupteingang, links eine kleinere Tür, deren Klingel und Briefkasten Danjous

Namen tragen, rechts eine unterirdische Garage, deren Schwingtor offen gelassen wurde und den Blick auf Reynauds große schwarze Limousine freigibt. Warum? Daquin hat eine Thermoskanne Espresso mitgenommen, den er in winzigen Portionen trinkt. Schön wach bleiben, trotz der über die Woche aufgestauten Müdigkeit, um die Neugier, die zum Äußersten gespannte Erwartung auszukosten. Ein seltener Moment, mit Bedacht zu genießen. Le Dem döst.

Um 8:30 Uhr hat sich im Haus noch nichts geregt, der Richter und die Inspektoren sind da, die Hausdurchsuchung kann beginnen.

Daquin klingelt an der großen Tür. Nichts rührt sich. Ein zweites Mal, nichts. Drückt mit den Fingerspitzen gegen die Tür, die sich geräuschlos öffnet. Eine mit Schränken eingerichtete Diele, das Licht brennt. Der Richter geht hinein. Daquin und Le Dem wechseln einen Blick und folgen ihm.

Von der Diele gelangt man in einen großen Raum mit mehreren Glasschiebetüren, die auf eine mit gelben und blauen Azulejos geflieste und vom Haus U-förmig umschlossene Terrasse führen. Weiter hinten ein Rasen und eine dichte, hohe Hecke, hinter der die Seine fließen muss. Weiße Jalousien mit vertikalen Lamellen verdecken die Fenster der anderen Zimmer.

Atemberaubend. Weißer Marmorboden, vor der Fensterwand ein vier Meter langer Tisch, auf dessen Platte ein Mosaik aus buntem Marmor die Geburt einer weißen Venus darstellt, die einem schwarzen Meer entsteigt. Obenauf eine unglaubliche Tafelsilbersammlung aus dem

18. Jahrhundert: Suppenterrinen, Tafelaufsätze, mehrere Schokoladenservice, sechs Kerzenleuchter und eine Pendeluhr aus Silber und Ebenholz in Gestalt eines nackten Jünglings mit einem Buch in der Hand.

An der Decke zwei große Kristallkronleuchter. An der rechten Wand Regale, überladen mit Porzellan und Glas in einer Kakophonie von Farben und Formen. Ein Dutzend Chinavasen sind in einer Ecke auf dem Boden arrangiert. An der linken Wand über zwei Boulle-Sekretären drei erstaunlich gut erhaltene Spiegel aus dem 17. Jahrhundert mit vergoldeten Holzrahmen. Daquin stellt sich Danjou und Reynaud vor, Seite an Seite, die Beutezüge, das manische Horten, der Kult des Intimen und Unaussprechlichen, die Besitzwut. Das Eindringen eines Polizisten oder Richters in diese Welt ist eine eindeutige Schändung, nicht wiedergutzumachen. So ist es, nicht wiedergutzumachen.

Der Richter, sprachlos, verwirrt, dreht sich zu Daquin um.

»Machen wir weiter, Herr Richter.«

Im rechten Flügel des Hauses das Schlafzimmer. Einander gegenüber zwei große, mit weißem Pikee bezogene Betten. Weißer langfloriger Wollteppich und Mahagonischränke, durch die weißen Jalousien fällt gedämpftes Licht. Schlicht.

Dann das Bad. Gelber und blauer Marmor in den Farbtönen der Terrasse. Doppelwaschbecken, darüber ein wandgroßer Spiegel. In der Mitte eine runde Badewanne mit Massagestrahl, fast ein Pool. Gelbe und blaue Handtücher über einer Handtuchheizung. Keine Spur von Leben, alle persönlichen Gegenstände sind in die Schränke geräumt.

Der ganze Trupp macht schweigend kehrt in Richtung Diele.

»Werfen wir einen Blick ins Kellergeschoss, dort finden wir vermutlich, was wir suchen.«

Steile Treppe aus gewachstem Holz, die direkt in einen kleinen Filmraum führt. Zwei schwere Ledersessel. Zwei Fernseher mit Videorekordern, die ohne Ton laufen. Auf einem ein Spiel der Mannschaft von Lisle-sur-Seine gegen … keiner weiß es. Auf dem anderen, in Endlosschleife, fängt Rebellin am eigenen Strafraum einen gegnerischen Rückpass mit der Brust ab, bringt den Ball mit dem rechten Innenrist unter Kontrolle, dreht sich, verlädt einen Gegenspieler, dann noch einen, umdribbelt zwei und tunnelt einen weiteren, starker Sprint, er ist allein, rennt über das ganze Spielfeld bis vor den gegnerischen Keeper und drischt den Ball aus vollem Lauf ins Netz. Eine Minute purer Schönheit, die jeder der Männer, selbst Le Dem, reglos vor dem Fernseher bewundert. Kontrollierte Ballannahme mit der Brust …

An den Wänden Hunderte von Videokassetten, Hunderte von Spielen, Tausende von Spielern. Rückblende: Léonard – Reynaud, und nur er, entscheidet über die Transfers. Nicht nur er. Auch Danjou.

Eine kleine Tür, und sie stehen im Abhörraum. Eine große Wandtafel mit diversen Anschlüssen, fünf Kassettenrekorder, die sich selbsttätig einschalten können, zwei Paar Kopfhörer. Man hört den Riesenseufzer der Erleichterung des Richters. Was auch geschieht, er ist auf der sicheren Seite.

»Setzen wir erst mal die Besichtigung fort«, schlägt Daquin vor.

Auf dem Weg nach oben wirft die Gruppe noch einen Blick auf Rebellin, wie er einen Gegner verlädt, dann noch einen … Im linken Flügel die ganz in Gelb und Holz gehaltene Küche, die durch Danjous Eingang direkt zu erreichen ist, sehr modern, in der Mitte ein Eichentisch, Stühle mit geflochtener Sitzfläche, nichts steht herum, weder Geschirr noch Essen.

Und direkt neben der Küche, vis-à-vis von Schlafzimmer und Bad, der sehr große Fitnessraum. Auf einer Hantelbank liegt Reynaud, wie gestern in flaschengrünem Lacoste-Hemd, grüner Hose, Tweedjackett. Gesicht unversehrt, Mund offen. Die Arme hängen herab. Daquin tritt näher. Sie sind schon steif. Auf dem Boden unterhalb seiner rechten Hand ein Revolver. Eine Kugel in den Mund, Hinterkopf weggesprengt, senkrecht darunter eine kleine Lache dunkles getrocknetes Blut. An der Wand Spritzer und das Einschlagloch der Kugel. Todeszeitpunkt wahrscheinlich gestern Abend, kurz nach seiner Rückkehr. Und Danjou hat sich vermutlich über die Seine abgesetzt.

Bei einer gründlichen Hausdurchsuchung wird man hinter dem Porzellan, den Spiegeln aus dem 17. Jahrhundert oder den Videokassetten sicher einen Tresor entdecken. Rückblende: »Ich habe ebenso viele Druckmittel gegen Sie wie Sie gegen mich.« Chorknabe. Eine Länge Vorsprung für Martinon, mindestens. Nachdem er das Schwarzgeld in den Ausbau der SBE gesteckt hat, merkt er, welche Bedrohung der wachsende Einfluss von Reynaud und Delgado und dem Kartell hinter ihnen für seine Bank darstellt. Er benutzt Nadine Speck, um die beiden zu belasten, und verspricht ihr einen Teil des Geldes, zweifellos mit dem Plan, es sich nebenbei zurückzuholen. Auf seine Anweisung hin verabredet sie sich mit Romero. Die Morde bringen ihn zunächst ins Stolpern. Dann benutzt er unsere Ermittlung, um sein Ziel trotzdem zu erreichen. Heute ist Danjou im Ausland, das Bankarchiv abgebrannt, der Tresor vermutlich leer. Ich sehe nichts, worüber Martinon sich Sorgen machen müsste.

Letzter Blick auf Reynauds Leiche. Tragisch.

Romero ist seit sechs Tagen tot.

Dominique Manotti bei Ariadne

Letzte Schicht

Der knallharte Wirtschaftskrimi

Aus dem Französischen von Andrea Stephani
Ariadne Kriminalroman 1188
978-3-86754-188-6

»Der mit großem Abstand beste politische Krimi des Jahres … schlichtweg sensationell … absolut nobelpreiswürdig geschildert … ein Meisterwerk. So etwas Intensives habe ich lange nicht gelesen.«
Deutschlandfunk Büchermarkt

Roter Glamour

Der brisante Politthriller

Aus dem Französischen von Andrea Stephani
Ariadne Kriminalroman 1192
978-3-86754-192-3

»Politthriller, der es in sich hat: Prostitution, Waffenhandel, Folter, Mord – die Abgründe einer ›Demokratie‹ werden hier mit unerbittlicher Genauigkeit vorgeführt und seziert.«
WDR, Funkhaus Europa

Dominique Manotti bei Ariadne

Einschlägig bekannt

Der ultimative Polizeithriller

Aus dem Französischen von Andrea Stephani
Ariadne Kriminalroman 1198
978-3-86754-198-5

»Manotti hat sich zu einer der wichtigsten Stimmen Europas entwickelt. So schillernd sind die Figuren, so erschütternd die Verwicklungen, so klug und stark der Manotti-Sound, der alles trägt.«
FOCUS online

Das schwarze Korps

Der historische Noir-Thriller

Aus dem Französischen von Andrea Stephani
Ariadne Kriminalroman 1206
978-3-86754-206-7

»Was für ein Wurf! Seit Jane Austen hat keine Frau so spannend über Geld geschrieben. Ein hypnotischer Reigen von Gaunern und Industriellen, Salondiven und SS-Offizieren, Doppelagenten, Spitzeln und Angehörigen der Résistance.«
Denis Scheck, MDR

Dominique Manotti bei Ariadne

Zügellos

Von Aktien bis Zocken: hardboiled

Aus dem Französischen von Andrea Stephani
Ariadne Kriminalroman 1193
978-3-86754-193-0

»Ermittlungen in Vorstandsetagen und in Tiefgaragen, deren Beton so kalt ist wie die Herzen der in der Mitterrand-Ära zu schnellem Geld gekommenen Sozialisten. Ein Buch wie ein Sprengsatz im Baguette.«
Spiegel online

Ausbruch

Viele Tote, ein Roman: alles Lügen?

Aus dem Französischen von Andrea Stephani
Ariadne Kriminalroman 1218
978-3-86754-218-0

»Die Weltmeisterin des Noir, perfekt im literarischen Kurzsatzkarate, macht aus der Geschichte eines kleinen Kriminellen den allumfassenden Krimi. Über die Mythen des linken Terrorismus und wie man einen Bestseller schreibt.«
Die Welt

Dominique Manotti bei Ariadne

Madoffs Traum

Novelle

Aus dem Französischen von Iris Konopik
Literaturbibliothek
978-3-86754-401-6

Der fiktive Monolog eines Wirtschaftsverbrechers.

»145 Jahre muss Bernard Madoff noch hinter Gittern verbringen. Warum ihm eine Novelle hinterherschreiben? Dazu braucht es die nie verrauchende Wut und das Hintergrundwissen einer Dominique Manotti. In ihrer kurzen Novelle gelingt ihr das Kunststück, sich so in Madoffs Logik hineinzudenken, dass er am Ende als verkannter amerikanischer Held dasteht. Womit Brechts Satz bewiesen wäre: ›Unglücklich das Land, das Helden nötig hat.‹«
Neue Zürcher Zeitung

Merle Kröger bei Ariadne

»Gänzlich frei von Klischees. Ein offener Stil, der wie die vielschichtigen Charaktere ganz besonders ist.« *taz*

Grenzfall

Ariadne Kriminalroman 1210
978-3-86754-210-4

»Teils Politthriller, teils Gesellschaftsstudie – gewürzt mit schonungslosem Realismus, großen Gefühlen und der richtigen Prise Bitterkeit.«
Martin Schöne, *3Sat Kulturzeit*

»Merle Kröger hat ein unfassbares Geschick, Figuren, Situationen, Zusammenhänge leichthändig tiefenscharf zu schraffieren.« Elmar Krekeler, *Die Welt*

»Der europäische Kriminalroman *par excellence*. Grandios.« Thomas Wörtche, *kaliber.38*

Havarie

Ariadne Kriminalroman 1224
978-3-86754-224-1

In einer windigen Nacht steigen zwölf Männer in ein Boot, versuchen Cartagena zu erreichen. Unter dem hohen Sternenhimmel zieht majestätisch ein Kreuzfahrtschiff dahin. Ein irischer Frachter verlässt den algerischen Hafen mit Kurs auf Europa. Und die spanische Küstenwache hält sich bereit.

Ein Meer, vier Schiffe, verschiedene Perspektiven: Merle Krögers Roman ist ein seetüchtiger Actionthriller und ein messerscharfes Porträt Europas.

Liza Cody bei Ariadne

Die Eva-Wylie-Trilogie

»Eine der faszinierendsten Heldinnen der jüngeren Kriminalliteratur, hässlich, stark und keineswegs helle. Von Roman zu Roman: milieugenau, witzig, ungemein spannend erzählt und bravourös übersetzt.« Tobias Gohlis

»Sie ist ein Brecher, eine Catcherin, die von ganz unten kommt, wo es eiskalt ist und ums schiere Überleben geht. Dort tummeln sich Straßenratten, Gewalt ist eine Umgangsform. Codys England ist planetenfern von dem ihrer gepflegt morden-lassenden Kollegen … Cody hat eine neue Erzählsprache entwickelt: widerborstig und sentimental, düster und komisch und immer auf dem Punkt.« Thomas Wörtche

»Sie ist eine Großstadt-Stegosaura – misstrauisch, bindungsscheu und am stärksten allein. Liza Codys Krimis um diesen gottvollen Trumm von Frau … Ladys and Gentlemen: Miss Evaaaaa Wylie!« Elmar Krekeler

Was sie nicht umbringt

Aus dem Englischen von Regina Rawlinson
Ariadne Kriminalroman 1201 · 978-3-86754-201-2

Eva sieht rot

Aus dem Englischen von Regina Rawlinson
Ariadne Kriminalroman 1203 · 978-3-86754-203-6

Eva langt zu

Aus dem Englischen von Regina Rawlinson
Ariadne Kriminalroman 1205 · 978-3-86754-205-0

Liza Cody bei Ariadne

Lady Bag

Aus dem Englischen von Laudan & Szelinski
Ariadne Kriminalroman 1222
978-3-86754-222-7

»Haarsträubender, herzzerreißender Höllentrip durch Londons Unterwelt. Was *Lady Bag* zu einem der aufregendsten Kriminalromane des Jahres macht, ist Codys Entscheidung, die Geschichte ausschließlich aus der Perspektive der Obdachlosen zu erzählen. Entsprechend ist die Sprache mal klar, mal wirr, mal witzig, mal traurig – oft alles gleichzeitig und durchgehend originell.«
Marcus Müntefering, *Krimi-welt.de*

»Es mag seltsam erscheinen, einen harten Krimi als herzerwärmend zu bezeichnen. Aber genau das ist Liza Codys Geschichte von einer Pennerin in London, der nichts mehr geblieben ist als ihr rheumatischer Greyhound Elektra … Rührend, spannend, witzig.«
Ingeborg Sperl, *Der Standard*

»Sie hat kein Geld, keine Zähne, keine Peilung, aber sie hat große Klasse. Sie ist Lady Bag und ihre Geschichte ist zum Heulen und umwerfend komisch und überhaupt einer der aufregendsten und wundervollsten Romane des Jahres.«
Thekla Dannenberg, *Perlentaucher*

»Liza Cody ist wieder da. Scharf, grotesk, bissig wie je. Jubel!« *KrimiZEIT-Bestenliste*

Ariadne Kriminalromane
Herausgegeben von Else Laudan
www.ariadnekrimis.de

Titel der französischen Originalausgabe: Kop

Deutsche Erstausgabe

Glashüttenstraße 28, 20357 Hamburg
Telefon 040/4018000 – Fax 040/40180020
www.argument.de
Umschlag: Martin Grundmann
Fotomotiv: © burak çakmak, Fotolia.com
Lektorat: Iris Konopik & Else Laudan
Satz: Iris Konopik
Druck und Bindung: CPI Moravia Books, Pohorelice
Printed in Czech Republic
Gedruckt auf säure- und chlorfreiem Papier
ISBN 978-3-86754-197-8
Erste Auflage 2015